진짜 전문가가 알려주는
대한민국 모바일 라이브커머스

ON-AIR

진짜 전문가가 알려주는

대한민국
모바일
라이브
커머스

김상민, 임성신 지음

매일경제신문사

세종대학교 경영대학에서 마케팅 및 지속가능경영학을 강의하고, 연구하는 이용기 교수입니다. 먼저 우리 학교의 지속가능경영 박사 과정 중인 김상민 작가와 공저자 임성신 작가의 저서 출간을 축하드립니다.

최근 코로나19의 영향도 있었지만, 경영, 마케팅 전반에 모바일 비즈니스의 영향력이 점점 커지고 있습니다. 글로벌 기업 시가총액 순위에 따르면, 모바일 기반의 플랫폼 기업들이 10위 안에 7개 기업이나 랭크되어 있습니다. 애플, MS, 아마존, 메타, 테슬라 등의 기업들은 모바일 기반의 플랫폼 전략으로 성공하고, 독보적인 글로벌 기업의 위상을 구축한 기업들입니다. 이러한 모바일 비즈니스 중심의 패러다임 전환이 이커머스에도 영향을 미쳐, 모바일 라이브커머스가 유통업계 전반에 새로운 바람을 불러일으키며 빠르게 성장하고 있습니다.

　이 책은 저자들이 현직에 있었던 수년간 실무경험 및 노하우를 바탕으로 쓴 것입니다. 이 분야에 관심이 있거나 공부하는 학생들에게 큰 가이드 역할을 할 수 있을 것으로 생각됩니다. 특히 지속가능경영 차원에서 중소상공인이나 중소기업, 1인 미디어 창업을 준비하시는 분들에게도 큰 도움이 될 수 있을 것입니다.

　다시 한번 책 출간을 축하하며, 앞으로 라이브커머스 업계의 지속가능한 발전을 위해 저자들이 노력해주실 것을 당부드립니다.

세종대학교

이용기 교수

프롤로그

최근 가장 핫한 플랫폼인 유튜브, 틱톡, 넷플릭스의 공통점은 바로 영상이 핵심인 미디어 콘텐츠를 제공한다는 것이다. 코로나19의 언택트 트렌드 영향도 컸지만, 앞으로 미디어 콘텐츠 파워를 가진 플랫폼의 영향력은 더욱 커질 것이다. 소비자에게 얼마나 영향력 있고 감동적인 영상 콘텐츠를 만들어 전달할 수 있느냐, 없느냐가 더욱 중요해졌다. 미디어 콘텐츠에 대한 이해도가 떨어지거나 콘텐츠 경쟁에서 밀리면 어느 순간 잊히는 기업, 상품, 브랜드가 될 수 있다.

이러한 미디어 콘텐츠 파워를 등에 업고, 라이브커머스가 새로운 이커머스의 강자로 빠르게 떠오르고 있다. 가히 열풍이라고 불릴 정도로 모든 온라인 유통 플랫폼 기업들뿐만 아니라 유튜브, 틱톡, 인스타그램 같은 SNS, 오프라인 유통기업, 브랜드 기업, 최근에는 빗썸 같은 가상화폐거래소도 라이브커머스에 뛰어들고 있다.

라이브커머스에는 기존 이커머스나 홈쇼핑과는 다른 여러 가지 장점들이 있다. 매장, 시장, 산지 등 고객이 보고 싶고, 궁금해하는 어느 장소에서든 라이브를 할 수 있다. 더불어 고객과 실시간 대화하며 상품을 판매할 수 있다.

Anytime(언제나 실시간으로), Anywhere(어느 장소에서나), Anybody(누구나 할 수 있는), Actual communication(쌍방향 리얼 소통) 바로 이 4A가 라이브커머스 유통모델을 가장 잘 설명하는 핵심 키워드다.

또한, 라이브커머스는 판매자와 소비자 간의 유통단계를 축소시켜 대형 오프라인 유통사에 입점하지 않고, 양질의 상품을 싼 가격으로 바로 고객에게 판매할 수 있는 유통 시스템이다. 중소 상공인, 1인 셀러, 제조 브랜드사가 직접 라이브커머스에 뛰어들고 있는 이유다.

라이브커머스 사업모델은 비교적 오래전인 2017년에 선보였지만 답보 상태에 있었다. 그러다가 코로나19 이후 막강한 트래픽과 강력한 마케팅 무기를 가지고 있는 메가 포털 플랫폼인 네이버와 카카오가 본격적으로 사업을 시작한 2020년에 불이 붙기 시작했다. 2021년에는 본격적으로 새로운 사업모델을 창출하며 빠르게 유통 생태계를 구축해가고 있다.

하지만 앞으로 우려스러운 부분은 라이브커머스의 지속적인 성장을 저해할 수 있는 위기 요소가 산재해 있다는 점이다. 이것이 책을 쓰게 된 가장 큰 이유다. 라이브커머스의 지속적인 성장이 가능하기 위해서는 업계 전체가 같은 곳을 바라봐야 한다. 고객은 현명하지만 빠르고 쉽게 변심한다. 라이브커머스는 항상 새로운 상품과 차별화 콘텐츠, 기술혁신으로 고객의 신뢰를 쌓고 팬덤을 구축해가아 한다. 라이브커머스를 단순히 매출, 이익의 도구로만 사업을 바라보면 안 된다. 라이브커머스에 특화된 지속적인 상품개발, 차별화 콘텐츠, 팬덤 구축, 타깃 마케팅을 통해 규모의 경제를 달성해서 라이브커머스만의 신유통모델 구축 및 고객 신뢰, 팬덤 확보를 위한 선순환 생태계가 만들어져야 한다.

이러한 목표를 달성하기 위해 다양한 위기 요소에 대한 문제 제기 및 솔루션을 제시하고 있는 이 책은 총 8개의 Part로 구성되어 있다. 먼저, 크게 3개의 카테고리로 나눠볼 수 있다.

첫 번째는 Part 01에서 2022년 라이브커머스 핵심 트렌드가 될 주제를 11개로 정리했다.

두 번째는 라이브커머스 운영의 핵심 3요소인 상품, 콘텐츠, 마케팅을 Part 02, Part 03, Part 04로 나눠 정리했다. 이 3개 Part의 내용을 읽으면 라이브커머스 운영의 핵심 3요소는 확실히 이해할 수 있을 것이다. Part 05는 라이브커머스 2.0시대에 떠오른 다양한 플랫폼을 살펴봤다.

세 번째는 라이브커머스에 관심이 있는 분들이나 1인 창업을 준비하는 분들, 대학교에서 이와 관련된 전공을 공부하는 분들을 위해 라이커머스 기초이론 학습 과정을 Part 06, 07에 정리했다. 마지막 Part 08은 창업을 준비하는 분들이 직접 실행해보실 수 있는 실습 가이드 장이다. 이 책은 처음부터 차례대로 읽을 필요가 없으며 목차를 참고해보고 싶은 부분을 먼저 읽어도 좋다.

3년 동안 라이브커머스 사업을 기획하고 운영을 책임지면서 느꼈던 노하우와 지식을 빠짐없이 알려드리기 위해 최대한 이론적인 부분보다는 실무에 중점을 두고 콘텐츠를 구성했다. 전반적으로 부족한 부분이 많지만 라이브커머스 발전을 위해 이 책이 작게나마 도움이 될 수 있기를 기원한다.

마지막으로 이 책이 나오기까지 많은 지원과 도움을 아끼지 않으신 신세계라이브쇼핑 대표님 이하 관계자분들께 깊은 감사의 말씀을 드린다.

대표 저자 김상민

contents

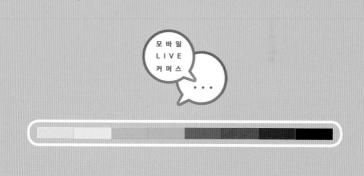

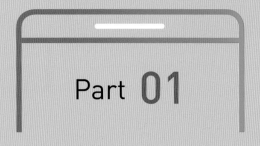

Part 01

꼭 알아야 할
라이브커머스 핵심 트렌드

01

라이브커머스
무한경쟁의 서막

코로나19 이전 라이브커머스 사업은 홈쇼핑사와 일부 온라인 커머스 기업에서 테스트하던 신사업이었다. 최초로 시작한 것은 2017년 티몬이다. 그런데 2020년에 코로나19가 팬데믹을 맞으며 비대면 커머스에 대한 수요가 급증했다. 대형 플랫폼 기업들이 라이브커머스 시장에 뛰어들면서 급속히 성장하게 되었다. 코로나19가 라이브커머스의 확산 속도를 가속화한 것이다.

2021년은 라이브커머스가 본격적으로 시작한 해라고 볼 수 있다. 그동안 라이브커머스 사업은 몇몇 업체들이 테스트를 하며 사업성을 가늠해보던 상황이었다. 그런데 네이버와 카카오가 뛰어들면서 이 사업에 불이 붙기 시작했다.

네이버는 초기 스마트스토어를 확장하기 위한 수단으로 쇼핑라이브(당시 셀렉티브)를 활용했다. 비대면을 선호하는 추세로 라이브커머스 수요가 급격히 늘어나면서 네이버쇼핑라이브로 이름까지 바꾸며 라이브커머스에 집중하기 시작했다. 네이버는 누구나 쉽게 할 수 있는 오픈라이브라는 콘셉트로 현재까지 국내에서 가장 큰 라이브커머스 플랫폼이 되었다. 라이브커머스 업계의 유튜브라고 할 수 있을 정도다.

반면 카카오는 조금 다른 방향으로 라이브커머스를 진행하고 있다. 카카오쇼핑라이브 플러스친구와 앱푸시라는 강력한 무기로 하루 2~5개 정도 자체 제작 기획라이브 중심으로 진행하고 있다. 일부 브랜드와 유동사에 방송을 열어주고는 있지만, 전체적으로 네이버와 같은 개방형 오픈라이브 운영 방식을 아직은 채택하고 있지 않다.

대량의 라이브커머스 방송보다는 퀄리티가 높은 콘텐츠 방송을 지향하고 있어, 라이브커머스계의 넷플릭스라고 할 수 있다.

2021년에는 수많은 온라인커머스 기업들이 라이브커머스 사업에 뛰어들었다. G마켓은 CJ ENM과 〈장사의 신동〉이라는 콘텐츠를 연계한 라이브커머스를 진행하고 있다. 쿠팡은 크리에이터와 판매업체를 연결하는 라이브커머스 플랫폼사업을 시작했다. 11번가, SSG 등 온라인커머스 기업들도 모두 라이브커머스에 뛰어들었다.

최근 배달의민족, 야놀자 같은 전문 카테고리 플랫폼 기업들도 자기들만의 강점을 내세워 카테고리를 특화한 라이브커머스를 시작했다. 웬만한 온라인기업들 모두가 라이브커머스를 시작했다.

라이브커머스 사업 초기에는 전략적인 판단이라기보다는 남들이 다 하니까 테스트 차원에서 일단 시작하자는 생각으로 뛰어든

국내 라이브커머스 업체 현황(2021년 기준)

플랫폼	N쇼핑 LIVE	카카오쇼핑 LIVE		
홈쇼핑사	GS SHOP	CJ ONSTYLE	현대홈쇼핑	신세계TV 쇼핑라이브
온라인 커머스	coupang LIVE	G LIVE	SSG LIVE	LIVE 11
카테고리 전문 플랫폼	배민쇼핑라이브	INTERPARK yanolja	bithumb LIVE	
라이브커머스 전용 플랫폼	Grip			

곳들도 많았다. 사업 초기에는 매출이 안 나와도, 이익보다 비용이 많이 들어도 투자라는 개념으로 사업을 진행했다. 하지만 1년 이상 실제 사업을 운영했는데 매출이나 이익 부분에 희망이 보이지 않으면, 그때부터는 생존을 위한 고난의 시기를 보내야 한다.

2022년에는 그렇게 우후죽순 생겼던 라이브커머스 기업들이 어느 정도 정리가 될 거라고 생각한다. 이렇게 경쟁이 심화한 시장에서는 이제 생존을 위한 고민이 더 커질 것이다. 이제 라이브커머스는 어떻게 바뀔 것인가? 오픈라이브, 테마형 기획프로그램, 팬덤 마케팅, 신규 플랫폼 등 크게 4가지 키워드로 정리해보겠다.

🎤 오픈라이브의 확대

라이브커머스를 진행하는 업체들은 대부분 사업 초기에는 자신들이 직접 제작해서 운영한다. 신규 서비스가 어느 정도 안정화에 접어들면, 플랫폼 기업들은 사업 확대와 안정적인 이익 창출을 위해서 라이브커머스 서비스를 개방형으로 오픈 확장한다.

현재 대부분의 홈쇼핑 기업은 라이브커머스 방송을 직접 제작하고 있으나, 외부 판매자가 홈쇼핑 플랫폼에서 직접 방송을 진행할 수 있도록 시스템을 개발하고 있다. 초기에는 자체 제작 중심으로만 진행했지만, 외형확장이 한계에 부딪히자 오픈라이브를 확대하려고 한다. 이제는 메인 홈쇼핑 기업을 중심으로 오픈라이브가 확대될 예정이다.

카카오쇼핑라이브도 아직까지 일부 업체로 제한은 하고 있지만, 오픈라이브 시스템을 만들고 있다. 선별되고 검증된 일부 판매자들이 자체적으로 라이브방송을 할 수 있도록 시스템을 개방하고, 앱푸시 관련된 마케팅 혜택도 제공할 예정이라고 한다. 어느 정도까지 앱푸시 및 노출 지원을 해줄지 아직은 모르지만, 이것에 따라 많은 라이브커머스 업체들이 카카오쇼핑라이브로 이동할 가능성이 충분히 있다.

라이브커머스가 발전할수록 오픈라이브도 계속 확대될 수밖에 없다. 플랫폼 기업에 라이브방송이 많아지면 어느 시점에서 자체 제작은 분명히 한계가 있다. 자체 제작은 통제가 가능하고 방송콘텐츠를 일정하게 높은 품질로 유지할 수 있는 장점이 있다. 그러나 제작비나 인력 운영 측면에서는 비효율적인 면이 있다. 그래서 라이브방송을 하고 싶은 브랜드 기업이나 소규모 유통기업들은 다양한 플랫폼 중에서 자신의 상품과 잘 맞는 플랫폼을 골라서 방송하면 된다. 2022년에는 네이버뿐만 아니라 오폰라이브를 하는 여러 플랫폼을 잘 알아보면 플랫폼을 골라서 상품을 파는 재미가 있을 것 같다.

🎙 테마형 기획프로그램 방송

오픈라이브의 확대와 더불어 테마형 기획프로그램 방송도 늘어날 것이다. 라이브커머스 초창기에는 스마트폰 한 대만 놓고 혼자서 라이브방송을 진행해도 라이브커머스 자체가 신선해서 별문제가 되지 않았다. 그런데 최근에 네이버만 해도 한 시간에 100개가 넘는 라이브방송들이 쏟아지면서 비슷한 형식의 방송들은 고객들의 선택을 많이 받지 못하고 있다.

유튜브도 초기에는 아마추어 같은 콘텐츠들도 관심을 받았지만, 지금은 TV방송만큼 퀄리티가 높은 영상들이 주로 시청자들의 선택을 받고 있다. 고객들의 눈은 한번 높아지면 잘 내려가지 않는다. 라이브커머스도 퀄리티 높은 방송들이 많이 생겨나면서 오직 스마트폰으로만 찍는 라이브커머스 방송의 경쟁력이 약해지고 있다.

라이브커머스도 이제는 방송 차별화와 팬덤 형성을 위해 테마 기획프로그램 방송들을 준비해야 한다. 네이버도 최근 자체 제작 기획프로그램들을 확대하고 있는데, 빅 브랜드들은 대부분 이런 기획프로그램들을 통해 라이브방송을 한다. 앞으로 이런 테마형 기획프로그램들이 많이 생길 것으로 생각된다.

정기적으로 고정 출연자가 테마별 상품 기획프로그램으로 고객과 만난다면 팬덤을 형성할 수 있고, 이런 단골고객이 많아지면 매출도 자연스럽게 올라갈 것이다. 앞으로 많은 신선한 프로그램들이 현재 테스트되고 있다. 라이브커머스 방송도 〈오징어 게임〉처럼 모든 이에게 사랑받는 프로그램들이 나오지 않을까 기대해본다.

🎤 팬덤 마케팅으로 매출 확대

라이브커머스 마케팅의 핵심은 팬덤 마케팅이다. 출연자의 팬덤이든, 상품 브랜드의 팬덤이든, 방송 자체의 팬덤이든 팬덤이 없이는 이제 지속적인 매출을 기대하기 어려운 것이 라이브커머스 시장의 현실이다. 팬덤은 신뢰를 바탕으로 이루어진다. 팬덤 관리를 잘해야 라이브커머스를 통해 지속적인 매출을 기대할 수 있다.

함소아 브랜드는 라이브커머스 방송 전 기존 자신들이 보유한 고객 데이터를 통해 라이브방송 상품을 살 만한 고객들을 타깃팅해서 문자로 방송광고를 보낸다. 이 문자를 통해서 방송 시청자 수를 확보하고, 판매수량도 효율적으로 극대화한다. 이 고객 데이터와 팬덤 관리가 매우 중요하고, 앞으로 라이브커머스의 핵심역량이 될 것이다. 라이브방송을 통한 구매고객 데이터 관리와 활용이 아주 중요하다.

🎤 신규 플랫폼들의 등장

마지막으로 라이브커머스 신규 플랫폼들의 등장도 주목해야 한다. 앞으로 새로운 플랫폼들의 라이브커머스 도전이 이루어질 것이다. 그중 눈에 띄는 기업이 지역 기반 플랫폼 당근마켓과 가상화폐 거래소 빗썸이라고 생각된다.

이런 기업에서 왜 라이브커머스를 할까? 당근마켓은 지역 기반 중고거래 플랫폼으로 지역 소상공인들의 광고홍보 및 커머스 확대를 위해 라이브커머스 서비스를 실시할 예정이다. 이제는 누구나 라이브커머스 방송을 통해 상품을 소개하고 판매를 할 수 있는 시대고, 이런 시스템들이 너무나 잘되어 있다.

지역 소상공인들에게는 적지만, 자신의 지역에서 가게를 이용해줄 고객과 소통하고 팬덤을 만들 수 있는 라이브커머스가 실질적인 매출을 올려주는 좋은 서비스가 될 것이다. 네이버가 스마트스토어 판매자 50만 명을 모으는 데 몇 년의 시간이 걸렸는데, 당근마켓은 불과 1년 만에 40만 명 이상의 판매자들을 확보했다. 그래서 더욱 기대된다.

한편 2021년부터 최근까지 가상화폐, 메타버스, NFT가 많은 사람들에게 뜨거운 관심을 받고 있다. 빗썸 거래소도 2022년 라이브커머스 사업을 시작했다. 실체가 없는 여행이나 서비스 같은 무형상품들은 눈으로 보여주고 충분히 설명할 수 있는 라이브커머스와 잘 어울린다. 그래서 NFT 상품들은 설명하고 소통까지 할 수 있는 라이브커머스 형식을 잘 활용한다면 새로운 시장을 만들 수 있다고 생각한다. 아직 법적인 규제나 여러 가지 제도적으로 해결해야 할 것들이 많지만, 앞으로 분명 새로운 시장이 열릴 수 있는 부분이라고 생각하고 관심을 가져야 한다.

2022년은 라이브커머스2.0 원년이다. 플랫폼 춘추전국시대에 기업들의 무한경쟁 이후, 이 시장도 새롭게 정리가 되고 본격적인 신유통산업으로 성장하는 발판이 될 것이다. 포스트코로나, 뉴노멀 시대에 어떤 플랫폼들이 살아남고, 어떤 플랫폼들이 사라질지 귀추가 주목된다.

02

X틴의 귀환!
이제는 40, 50대를 잡아라!

앞으로 라이브커머스에서 가장 주목해야 할 세대를 꼽으라면 주저하지 않고 40, 50대라고 말하고 싶다. 최근 온라인 유통 분야 전반에 패션, 생활, 브랜드를 중심으로 50대의 귀환, X-틴의 귀환이라는 말이 자주 오르내리고 있다.

한때 잘나가다 저물어가는 석양에나 비유되던 X세대의 화려한 부활이다. 이 이야기를 들으면 궁금할 것 같다. 라이브커머스는 20, 30대 밀레니얼 세대의 전유물로 생각하고 있는데 웬 50대일까?

얼마 전 신세계라이브쇼핑에서 젊은 여성들이 열광하는 면세점 명품선글라스 브랜드를 모바일 라이브로 진행했다. 내로라하는 명품 브랜드에 잘 나가는 스타일의 상품을 2억 원 정도의 물량으로 심혈을 기울여 준비했다.

홈쇼핑 방송처럼 모바일 라이브도 제작기획을 총괄하는 PD, MD(상품기획자), 방송 진행자, 협력업체 담당 등이 모여 제작 회의를 진행한다. 20여 가지의 선글라스 스타일 중 가장 잘 팔릴 거라 예상되는 속칭 미는(추천하는) 모델을 정하고, 그 상품 중심으로 방송 스토리와 콘티를 짜게 된다.

역시 20대가 좋아할 만한 시크한 스타일의 A브랜드 선글라스를 메인 상품으로 밀기로 했다. 젊은 여성들이 가장 많이 몰리는 시간대인 목요일 저녁 9시에 〈On-Air〉 방송을 시작했다. 매출은 1시간 방송 동안 1억 원에는 약간 못 미치는 9,000만 원 정도의 매출이 나왔다. 그러나 대박 모델은 우리의 예상을 빗나간 B브랜드의 클래식 스타일 제품이 압도적으로 많이 팔렸다. 가격도 28만 원으로 제일 비싼데도 말이다.

다음 날 구매분석을 해보니 우리의 예상과 다르게 40, 50대의 구매 비중이 가장 높게 나왔다. 제휴처인 카카오쇼핑라이브에 문의를 해봐도 역시 같은 결과였다. 더 놀라운 것은 남성의 구매 비율이 30%가 훨씬 넘게 나온 것이다.

최근 이러한 구매 트렌드는 선글라스뿐만 아니라 생활이나 캠핑용품, 패션, 뷰티 등 다른 종류의 상품군에서도 비슷한 현상이 나타나고 있다. 당사가 제휴하고 있는 카카오나 네이버, 11번가에 최근 연령대별 구매고객 구성비를 물어봐도 예전에 비해 40, 50대의 구매 비중이 점차 늘어나는 추세다.

이처럼 40, 50대가 모바일 라이브커머스에 몰리고 있다. 1년 전만 해도 20, 30대 밀레니얼 세대를 메인 타깃으로 라이브커머스 상품, 콘텐츠 기획을 준비했다. 당연히 30대 구매 비중도 가장 높게 나왔는데, 작년 초부터 40, 50대의 구매 비중이 점차 높게 나오더니 이제는 40, 50대가 라이브커머스 연령대별 구매 비중이 가장 빠르게 상승하고 있는 세대로 자리 잡고 있다.

이와 같은 X세대의 귀환을 명확히 보여주고 있는 조사 데이터가 있다. 2018년 와이즈앱·와이즈리테일이 한국인 만 10세 이상 안드로이드와 아이폰 스마트폰 사용자를 표본 조사한 결과에 따르면, 유튜브 시청에서 50대 이상이 1위를 차지했다. 사용자 수도 가장 많았고, 사용 시간도 제일 길었다. 그래서 '집에서 놀면서 가장 여유가 많은 세대가 50대'라는 우스갯소리도 많이 나온다.

연령대별 유튜브 이용시간 분석

50대	40대	30대	20대	10대
101억 분	57억 분	61억 분	81억 분	89억 분

출처 : 와이즈앱, 와이즈리테일

MZ세대들의 놀이터로 알려진 영상 콘텐츠 중심의 유튜브에서 50대가 10, 20대의 시청시간을 뛰어넘은 것이다. 이젠 50대도 미디어 영상에 익숙해지고, 이러한 트렌디한 미디어 플랫폼의 메인 수요층으로 자리 잡고 있다.

또한, 한국인터넷진흥원이 2016년부터 2020년까지 인터넷 쇼핑 이용자 추이를 조사한 결과에 따르면, 온라인으로 쇼핑하는 50대는 2016년 31.2%에서 2020년 60.2%, 60대는 2016년 12.7%에서 2020년 60.2%로 크게 증가했다. 5060세대의 월 평균 구매빈도도 1.8회에서 4회로 2배 넘게 뛰었다. 압도적인 증가 폭을 50대가 보여주고 있는 것이다.

이렇게 2가지 조사 결과를 놓고 봤을 때 왜 50대가 MZ세대의 전유물로 알려진 라이브커머스에 몰리는지 충분히 이해가 가능하다. 그럼 왜 KBS 〈9시 뉴스〉나 〈가요무대〉 같은 공영방송 프로그램이나 케이블 홈쇼핑 방송을 볼 것 같은 40, 50대가 모바일 라이브로 몰리고 있는 것일까?

첫째, 지금의 X세대인 50대는 예전 우리가 늘 알던 시니어 세대인 50대와는 살아온 삶의 궤적이 다르다. 예전의 시니어 세대처럼 돈, 가족, 명예를 위해 죽어라 일만 하고 희생만 하는 50대가 아니다. 자기 자신의 행복, 건강, 만족을 위해 패션, 푸드, 취미, 여행 등 많은 경험과 소비를 해보고 놀아도 보고 일도 해본 속칭 잘나갔던 50대들이다.

50대가 된 이후에도 소비 측면에서 캠핑, 골프, 낚시 같은 다양한 개인 취미도 가지면서, 좋은 차도 구매하며, 명품도 즐겨 소비한다. 가족과 함께 맛집도 찾아다니며, 동시에 자녀들을 위한 소비 지출 역시 아끼지 않는 세대다. 이 시대에 발생하고 있는 많은 소비에 주도적으로 관여하고, 새로운 소비 트렌드를 창출하고 있는 신소비문화 세대가 50대가 된 것이다.

둘째, 50대가 새로운 소비문화를 창출하는 신소비문화 세대는 되었지만, 미디어나 모바일 분야에서 얼리어답터(Early-adopter)로서 새로운 IT기술, 트렌드에는 아직은 익숙하지 않았다. 하지만 코로나19로 인한 언택트 트렌드로 각종 패션, 생활 유통 브랜드들의 모바일 쇼핑몰이 활성화하면서 이제는 모바일에서도 만족스러운 쇼핑을 즐길 수 있는 방법을 알게 된 것이다.

오프라인 매장을 힘들게 돌아다니지 않아도 쉽고 빠르게 가격 비교를 할 수 있다. 보지 않으면 믿지 못하는 특성상 처음에는 제품 상태와 품질에 의구심을 가졌지만, 이제는 믿고 사는 단골 온라인쇼핑몰도 여러 곳 알게 되었다.

셋째, 50대는 삶의 여유를 갖게 되면서 시간적인 여유도 있고 방송 시청시간이 길다. 더불어 케이블 방송의 홈쇼핑에 익숙해서 스마트폰으로 라이브를 보며 구매하는 패턴에도 익숙해졌다.

또한, 최근 명예퇴직의 핵심 세대가 50대다. 적지 않은 퇴직금 및 여유자금은 이들의 왕성한 구매력으로 연결되고 있다. 이들은 구매에 큰 고민을 하지 않는다. 만족하면 그냥 클릭하고 구매한다. 한마디로 마음에 들면 고민하지 않고 바로 클릭해서 구매할 확률이 가장 높은 연령대가 50대라는 말이다.

이제는 라이브커머스뿐만 아니라 모든 온라인쇼핑몰에서 가장 분석을 철저히 하면서 타깃으로 연구해야 할 세대가 50대다. 새로운 수요와 소비문화를 창출할 수 있고, 왕성한 구매력을 갖춘 세대가 50대기 때문이다. 라이브커머스의 상품, 마케팅, 방송 콘텐츠 구성을 기획할 때 다른 연령대 이상 50대도 철저히 분석하고 대비해 고객전략을 수립할 필요성이 더욱 높아졌다.

세대별 특징 분석

구분	X세대	Y세대(밀레니얼 세대)	Z세대
출생 시기	1960년대 후반 ~ 1970년대	1980년대 ~ 1990년대 중반	1990년대 중반 ~ 2000년대 중반
사회적 특징	개인주의 탄생	청년 실업과 YOLO(욜로)	다양성을 중시, 편견 없음
상징적 디지털기기	삐삐와 워크맨	스마트폰, 태블릿PC	사물인터넷(IOT)

출처 : 삼성전기 블로그(SEMSTORY)

03

라이브커머스 방송이 아니라
팬덤으로 팔아라

네이버쇼핑라이브는 누구나 스마트폰만 있으면 할 수 있는 오
픈 라이브커머스 플랫폼이다. 온라인커머스 사업을 하는 수많
은 소상공인이 하루에도 몇백 개씩, 한 달에 1만 개 이상의 방
송을 하고 있다. 이렇게 치열한 경쟁 환경에서 소상공인들이 시

출처 : 네이버쇼핑라이브

청자 100명을 넘기며 매출 100만 원 넘기기는 쉽지 않다. 그러나 이런 환경에서도 매 방송 시청자 1,000명 이상 매출 1,000만 원 이상의 매출을 올리는 소상공인들이 많이 생겨나고 있다.

모바일 라이브커머스는 홈쇼핑처럼 확보된 시청자들에게 방송을 통해 최대한 매출을 올리는 구조가 아니다. 고객들이 직접 찾아와서 방송을 보고 구매하게 해야 하는 구조다. 유튜브처럼 누구나 할 수 있지만, 누구나 성공할 수는 없다. 라이브커머스도 누구나 쉽게 할 수 있지만, 누구나 지속적으로 매출을 올리며 성공할 수 없다.

특히나 앞으로 더 많은 오픈 라이브커머스 플랫폼들이 생겨날 전망이라서 기회도 많아지지만, 경쟁도 더 치열해질 것으로 예상된다. 이런 환경에서 지속가능하고, 반드시 살아남을 라이브커머스 성공 운영 방법을 알아보자.

네이버쇼핑라이브에서는 한 시간에 적게는 수십 개에서 많게는 200개까지도 라이브방송이 진행된다. 이런 극한의 경쟁환경에서 시청자들에게 선택되고 판매가 이루어지기는 쉽지 않다. 단순하게 어쩌다 라이브방송을 했다고 시청자가 늘거나 매출이 일어나지는 않는다. 그래서 성공적인 방법으로 시청자를 늘리고 매출을 올리기 위해서는 팬덤을 통해서 고객의 신뢰를 구축하고, 라이브방송 중 가장 좋은 조건으로 상품을 팔아야 한다.

라이브커머스 방송은 고객 신뢰를 만들기 위한 도구다. 방송 자체가 목적이 아니라 수단이 되어야 한다. 네이버쇼핑라이브에서 매일 밤 10시에 라이브커머스 방송을 하는 폴○○이라는 인플루언서가 있다. 이분은 성형외과에서 상담실장 경력을 바탕으로 뷰티 제품을 판매한다. 방송도 혼자서 테이블에 앉아 제품을 설명하는 흔한 형태다. 그런데 매일 1,500명 정도의 팬들이 방송을 시청하고, 수천만 원의 매출을 만들어내고 있다. 필자가 담당하는 신세계라이브쇼핑 평균 방송 매출보다 높다.

같은 라이브커머스 방송인데 어떤 점이 이런 매출의 차이를 만드는 걸까? 이건 바로 소통을 통한 리얼 팬덤이다. 홈쇼핑의 매출 차이는 TV플랫폼 채널의 파워 차이고, 모바일 라이브커머스 매출 차이는 방송과 상품에 대한 팬덤의 차이다.

폴○○은 방송 초반 10분 동안 고객들과 인사를 하고 안부를 묻는 소통의 시간을 가진다. 고객들의 신상까지 다 기억하고 소통하며 걱정까지 해준다. 라이브커머스 방송 초반 10분은 굉장히 중요하다. 그런데 이런 귀한 시간을 인사하는 시간으로 보낸다는 것은 홈쇼핑 PD는 감히 상상하기 어려운 일이다.

폴○○은 이 시간 동안 고객과의 신뢰 관계를 형성하고 팬덤을 강화한다. 팬덤이 형성된 고객들은 출연자를 물건 파는 사람, 쇼호스트로 생각하는 것이 아니라 개인적으로 친한, 믿을 만한 언니로 인식하게 된다. 그래서 친한 언니가 추천하고 설명해주는 상품이라서 믿고 구매하게 되는 것이다. 이런 부분은 소상공인들에게는 더 좋은 기회다.

온라인커머스에서 구매를 결정짓는 가장 중요한 요소는 신뢰다. 팬덤은 신뢰를 강화해주고, 이것이 매출의 큰 요인으로 작용하게 된다. 지나가는 고객 1만 명보다 나를 좋아하고 믿어주는 고객 100명이 낫다. 짧은 시간에 신뢰를 만드는 일은 어렵다. 시간이 걸리더라도 꾸준히 성실하게 고객들과 소통하며 방송을 만들어나가야 한다.

라이브커머스를 통해서 팬덤을 만드는 방법을 몇 가지 소개하겠다.

첫째, 꾸준함과 성실성이다. 앞에서 언급했던 폴○○도 고객들과 약속한 매일 밤 10시 라이브방송 시간을 성실히 지키고 있다. 매일 고정시간에 방송하는 것이 쌓이면 고객들과 신뢰를 쌓을 수 있다. 방송 시간은 고객과의 약속이다. 오랜 기간 이 약속을 시키며 신뢰를 쌓아야 팬덤이 생길 수 있다. 매일은 아니더라도 최소 일주일에 1번 이상은 꾸준히 방송을 진행하는 것이 좋다.

둘째, 진행자가 반드시 지키는 '방송 중 최저가' 약속이다. 인스타그램으로 공동구매하는 인플루언서들은 이 약속을 목숨처럼 지킨다. 어떠한 이유를 막론하고 방송 중 최저가는 지켜야 한다. 고객들이 라이브커머스 출연자를 신뢰하는 가장 큰 이유는 최저가에 대한 믿음이다. 이것이 흔들리는 순간 지금까지 쌓아온 모든 것이 무너질 수 있다. 방송 중에는 어떻게든 최저가 조건을 지켜야 한다.

셋째, 개인화된 소통이다. SNS도, 라이브커머스도 실시간으로 소통할 수 있다는 장점이 있다. 오랜 시간 개인적인 커뮤니케이션을 통해서 신뢰가 형성된다. 단 몇 명이더라도 나를 확실히 좋아해주는 팬을 만드는 것이 중요하다. 그런 분들이 한두 명 생기면서 팬덤이 형성된다. 라이브방송을 꾸준히 하다 보면 매번 방송에 들어오는 고정고객들이 생기기 시작한다. 이런 분들은 채팅을 좋은 방향으로 이끌어주고 구매도 많이 해준다. 이런 분들 100명이 마케팅 광고로 모은 1만 명보다 훨씬 낫다. 매일 꾸준한 소통으로 팬덤을 강화하고 유지해나가야 한다.

넷째, 진심을 담은 전문성이다. 고객들이 라이브커머스 출연자 이야기에 집중하는 이유는 상품에 관해 진심을 담은 전문성이 있기 때문이다. 라이브커머스 방송 출연자들은 최소한 상품 카테고리 분야만큼은 전문가여야 한다. 상품에 대한 많은 지식과 실제 사용 경험이 있어야 한다. 수박 겉핥기식으로 아는 것이 아니라 진심으로 깊이 있게 상품을 알아야 신뢰를 줄 수 있다. 1시간 동안 상품에 관해 이야기하기 위해서는 많은 사전 준비가 필요하다. 남에게 주워들은 얄팍한 지식은 방송 중에 금방 바닥이 드러난다. 상품과 카테고리에 대한 공부는 끊임없이 해야 한다. 이런 노력과 진심은 시간이 지나면 고객들에게 전달된다.

라이브커머스 방송으로 상품을 판다기보다는 내 팬들에게 상품의 혜택을 준다고 생각하고, 팬덤을 유지하고 확대하는 것이 당장의 매출보다 중요하다. 이 팬덤을 확보하면 이후부터는 황금알을 낳는 거위처럼 지속적인 매출을 낳아줄 것이다. 라이브커머스는 일시적인 판매 촉진 스킬이 아니고, 소통과 팬덤을 통한 커머스 커뮤니케이션이다.

04

엔터테인먼트사들이 라이브커머스에 뛰어들고 있는 까닭은?

TV 광고 시장이 몇 년째 마이너스 성장을 하고 있다. 연예인들의 가장 큰 수입원은 TV 광고 출연료였기 때문에 엔터테인먼트사들도 어려움을 겪고 있다. 그래서 TV 광고 시장 이외에 모바일 광고 시장에 적극적으로 진입하고 있다. 최근 라이브커머스가 뜨기 시작하면서 많은 연예인이 문을 두드리고 있다.

코로나19 이후 연예인, 개그맨, 가수, 셀럽들의 오프라인 무대들이 사라지면서 경제적으로 많은 어려움을 겪었고 지금도 겪고 있다. 많은 연예인이 홈쇼핑 출연을 최후의 보루처럼 생각한다. 이미지가 생명인 연예인에게 홈쇼핑 출연은 이미지에 타격을 입을 수 있다. 그런데 모바일 라이브커머스는 사람들에게 뉴미디어처럼 트렌디하고 젊은 채널이라고 인식되고 있다. 이미지 손실 없이 돈을 벌 수 있는 좋은 모델이 되고 있다. 앞으로도 많은 연예인, 개그맨, 셀럽들을 라이브커머스 방송에서 자주 볼 수 있을 것 같다.

엔터테인먼트사, MCN(멀티채널 네트워크)들은 자신들이 보유한 연예인이나 인플루언서, 크리에이터들의 팬덤을 활용해서 부가가치를 올리려고 노력한다. 예전에는 이런 팬덤으로 광고를 하고 돈을 벌었으나 광고를 찍을 수 있는 연예인은 극히 한정적이다. 최근에 개그맨, 개그우먼들이 라이브커머스에 많이 도전하고 좋은 성과를 내고 있다. 그립 라이브커머스의 1등 그리퍼로 활약 중인 유상무는 방송당 5,000만 원 이상의 매출을 내기도 한다. 김인석, 안소미, 윤성호, 백보람, 허안나 등 많은 개그맨들이 자신들의 팬덤과 끼를 활용해서 라이브커머스에 뛰어들고 있다.

국내 1위 MCN업체인 CJ ENM 다이아TV는 라이브커머스 출연자 숍테이너들을 영입하면서 라이브커머스 시장에 진출하고 있다. 다이아티비의 대표 뷰티 크리에이터인 씬님이 네이버 쇼핑라이브에 출연해서 1시간 동안 1억 원 이상 매출을 올리기도 했다.

다이아 소속 숍테이너인 김동환과 오민화도 라이브커머스 시장에서 최고의 대우를 받고 높은 매출을 기록하고 있다. MCN들은 라이브커

머스 시장이 활성화되기 전부터 이 시장에 관심이 많았다. 그 이유는 중국 왕홍들이 만든 라이브커머스의 성공사례들을 지켜봤기 때문이다. 국내 라이브커머스 시장이 아직 초기라서 중국과는 아직 비교되지 않을 정도로 작지만, 발전 속도를 감안한다면 조만간 큰 시장으로 성장할 것으로 기대된다.

최근 많은 엔터테인먼트사들이 온라 인 유통사들과 손을 잡고 콘텐츠형 라이 브커머스를 시도하고 있다. SM엔터테인 먼트 소속인 슈퍼주니어 신동은 G마켓 과 〈장사의 신동〉 라이브커머스를 진행

하고 있다. 사전에 유튜브 콘텐츠로 홍보하고, G마켓에서 라이 브로 판매하는데 수억 원대 매출이 나오기도 한다.

　더준엔터테인먼트 소속 이유리도 CJ온스타일과 예능형 라이 브커머스 〈유리한 거래〉를 진행했다. 브랜드 기업이나 유통 기 업은 유튜브 콘텐츠로 광고 효과와 라이브커머스로 직접적인 매출을 얻을 수 있기 때문에 고비용의 출연료 부담이 있지만 계 속 시도하고 있다.

　엔터테인먼트사들도 소속 연예인의 이미지 훼손을 최소화하 고, 홈쇼핑 같은 판매 중심의 방송이 아니라 콘텐츠 프로그램 기능도 있기 때문에 라이브커머스는 매력적인 방송이 될 수 있 다. 그리고 광고처럼 계약기간이 있어서 몇 개 못하는 것이 아 니라, 매주 1개 이상씩도 할 수 있기 때문에 수익 측면에서도 유 리한 면이 많이 있다.

　작년에 신세계라이브쇼핑도 소녀시대 유리와 '유리의 식탁' 이라는 떡볶이를 메인상품으로 라이브방송을 했다. 유리가 직 접 개발에 참여했던 제품이고, 라이브커머스 방송 중에 화상통 화로 출연까지 했다. 떡볶이 마니아인 가수 KCM도 '캡숑떡볶 이'를 만들고, 본인이 직접 출연해서 라이브커머스로 홍보와 판 매를 했다. 카카오쇼핑라이브에서 동시송출로 3,000만 원 이상

매출을 올리기도 했다.

SM엔터테인먼트는 소속 연예인들이 라이브커머스에 출연하는 것에만 머무르는 것이 아니라, 상품까지 기획 제작해서 라이브커머스에 도전하고 있다. 팬덤을 활용해서 수익을 창출하기 위해 상품과 라이브커머스를 적극적으로 활용하고 있는 것이다. 앞으로도 이런 엔터테인먼트사들의 시도는 계속될 전망이고, 더욱 적극적인 시도들이 있을 것이다.

NFT 거래 플랫폼들이 활성화되면서 NFT 상품을 라이브커머스로 파는 시도가 생길 것으로 예상된다. BTS가 소속된 하이브와 국내 최대 가상화폐거래소인 업비트가 협업해서 NFT 거래 플랫폼을 준비하고 있다.

라이브커머스는 NFT 같은 무형상품들을 팔기에 가장 효과적이고 잘 맞는 형식이라고 생각한다. 아티스트들의 예술작품뿐만 아니라 연예인들의 NFT 굿즈 상품들이 많이 나올 예정이고, 이 상품들을 소개하고 판매하기 위해서 엔터테인먼트사들도 라이브커머스를 적극적으로 활용할 것이다. 앞으로 라이브커머스 시장에서 이런 엔터테인먼트사 소속 연예인들의 IP 팬덤을 활용한 NFT 상품들이 제작되고, 많은 판매가 이루어질 것으로 예상된다.

05

100% 뜨는 라이브커머스 대박상품은?

필자가 여러 플랫폼에서 오랫동안 방송을 진행하다 보니 각 플랫폼별로 매출이 어느 정도 잘 나올 상품을 예상할 수 있게 되었다. 하지만 트렌드가 빨리 변하고, 지난 시즌에 매출이 잘 나왔다고 이번 시즌에도 꼭 잘 나오지는 않는다. 시장 상황이 급변하기 때문에 예측하기가 쉽지 않지만, 경험을 통해 성공 확률을 높이고 있다.

기본적으로 라이브커머스에서 잘 팔리는 상품은 3가지 특징이 있다. 누구나 알면서 사고 싶은 상품, 지금 당장 사고 싶은 가격 및 구성 조건, 마지막으로 판매자(출연자)를 통해 신뢰할 수 있는 상품이다. 즉 빠른 시간에 구매를 결정할 수 있는 충동구매형 상품이다.

🎤 누구나 아는 상품

첫째, 누구나 알면서 사고 싶은 상품을 팔아야 한다. 카카오쇼핑라이브 담당자는 항상 라이브방송 상품을 요청할 때, 마니아를 타깃으로 한 트렌디한 최신 상품이 아니라 일반적이고 대중적인 상품을 제안해달라고 한다.

라이브커머스는 낯선 상품을 짧은 시간에 설득시켜 구매까지 연결하기는 매우 어렵다. 누구나 안다는 것은 유명한 브랜드 제품일 수도 있지만, 상품 자체가 누구나 친숙한 생수, 마스크 같은 상품들이다.

고객들은 바쁘고 방송에 오랫동안 집중하기 어렵다. 지금 책을 읽는 1시간 동안에도 100개가 넘는 라이브커머스 방송이 송출되고 있다. 그러므로 3초 안에 어떤 상품인지 파악조차 되지 않는다면, 고객들은 3초 안에 방송을 스킵할 것이다. 라이브커머스 초기에는 이런 빅 브랜드 상품 중심으로 매출이 일어났다. 그러나 다양한 라이브커머스 사전 마케팅을 통해서 인지도가 적은 상품들도 사전 마케팅을 통해 매출을 확대할 수도 있다.

🎤 당장 사고 싶은 가격 및 구성

둘째, 지금 당장 사고 싶은 가격 및 구성 조건의 상품들을 팔아야 한다. 라이브커머스의 장점은 실시간으로 짧은 시간 대량 판매다. 오늘만 있고 내일은 없다. 고객에게 충동구매를 일으키기 위해서는 지금 당장 구매해야 하는 강력한 이유를 제공해야 한다.

그중 강력한 이유는 지금 사지 않는다면 이 좋은 혜택이 사라질 수 있다는 공포를 주는 것이다. 이 공포가 구매라는 실제적인 행동을 하게 하는 강력한 힘이 될 수 있다.

방송 중 줄 수 있는 혜택은 최저가 할인 조건, 한정 수량, 구매 인증 이벤트, 사은품 증정 등이 있다. 이 중 가장 중요한 것이 방송 중 최저가 조건이다. 고객들은 온라인구매를 할 때 가장 먼저 가격을 검색한다. 최저가 조건이어야 방송 중에 판매가 된다. 최저가 조건이 아니면 방송은 힘들게 했지만, 매출은 다른 플랫폼이 가져가는 안타까운 일이 발생한다. 똑같은 상품이더라도 구성, 가격조건을 어떻게 하느냐에 따라서 매출은 천차만별이다.

라이브커머스는 보통은 1~2인 가구 고객들이 많이 이용하기 때문에 대량 구성보다는 소량 구성이 반응이 좋다. 홈쇼핑 상품들의 단가가 평균 10만 원대라면, 라이브커머스는 평균 2~3만 원대다. 낮은 판매가격대는 고객들이 짧은 시간에 판단하고 구매하기에 리스크를 줄여주는 매출 확대의 지름길이다.

A브랜드 냉동 볶음밥 라이브방송을 했는데, 첫 번째 방송에는 5팩 구성을 팔고, 두 번째 방송에서는 10팩 구성으로 개당 판매가를 더 낮춰서 팔았다. 두 번째 방송은 개당 판매가가 더 저렴

가구원 수 변동 추이

(단위 : 명, %)

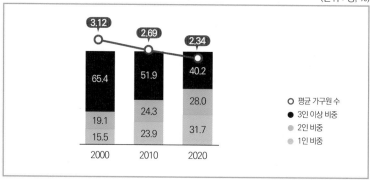

출처 : 통계청

진짜 전문가가 알려주는 **대한민국 모바일 라이브커머스**

했지만, 첫 방송 매출의 50% 정도에 그쳤다. 라이브커머스 고객들은 1~2인 가정들이 많다 보니 많이 주는 것을 좋아하지 않는다. 냉장고에 넣을 공간도 없기 때문이다.

🎤 판매자 팬덤

셋째, 판매자 팬덤을 통해서 신뢰할 수 있는 상품을 팔아야 한다. 라이브커머스가 발전한 중국에서 왕홍들이 많이 파는 상품들은 한국산 상품들이 많다. 이 이유는 한국산 상품들은 믿을 수 있기 때문이다. 라이브커머스 고객들이 짧은 시간에 방송을 보고 구매할 수 있는 것은 출연자나 상품에 대한 신뢰가 있기 때문이다. 팬덤이 없는 출연자나 라이브커머스 사업자는 믿을 수 있는 브랜드 상품을 판매하면서 신뢰를 쌓아가는 것이 좋다. 향후에는 자신의 팬덤으로 브랜드를 만들어 신상품을 판매할 수도 있을 것이다.

잘 나가는 라이브커머스 상품들은 플랫폼마다, 고객마다, 시즌마다 천차만별이다. 다만 큰 매출을 올리기 위해서는 실시간으로 지금 고객들이 가장 사고 싶은 상품을 가장 좋은 조건으로 제안해야 한다. 예를 들어 황사 미세먼지가 가장 심한 날에 마스크를 가장 좋은 조건으로 가장 먼저 판매한다면 큰 매출을 올릴 수 있다. 라이브커머스의 장점은 빠르게 준비할 수 있기 때문에 시즌과 이슈에 바로 대응할 수 있는 것이다. 〈오징어 게임〉의 달고나가 뜬다면, 달고나 상품을 바로 준비해서 라이브방송으로 판매할 수 있다.

플랫폼별로 잘 나가는 상품들이 조금씩은 다르다. 네이버쇼핑

라이브는 3040 여성 타깃 상품, 유아동, 패션, 식품, 카테고리가 잘 나간다. 카카오는 30대 남녀 타깃 상품의 브랜드 제품, 트렌디하지만 대중적인 카테고리가 반응이 좋다. 배민라이브는 20대 젊은 타깃으로 한 저가 식품과 다른 데서 즉시 배달되지 않는 신선 정육, 생수, 생활 필수품 등이 잘 나가는 편이다. SSG. LIVE는 명품 패션 뷰티, 가전제품이 잘 나가고, G마켓은 빅 브랜드 가전이나 오픈마켓 히트상품들의 매출이 좋다. 현대홈쇼핑이나 GS홈쇼핑 같은 경우는 당사 라이브방송이라서 50, 60대 타깃인 홈쇼핑 제품들도 반응이 좋다.

라이브커머스라는 같은 서비스지만 플랫폼의 특성과 타깃고객에 따라서 잘 나가는 상품이 다르다. 팔고 싶은 상품과 잘 맞는 플랫폼을 찾는 것이 우선이다. 플랫폼은 앞으로 더욱 다양해질 것이다. 각 플랫폼들의 특성과 시청 고객의 특성을 먼저 파악하고 전략적으로 상품 선정을 해야 한다.

이렇게 라이브커머스 상품은 기본적으로 소구성 상품, 2~3만 원대 저가상품, 누구나 살 수 있는 일반적인 상품, 시즌 지금 필요한 상품, 사전에 많이 알려진 이슈 상품들이 좋다. 너무 특이한 마니아 상품, 신상품들은 매출을 올리기 쉽지 않다는 것을 꼭 기억해두자.

06

골라서 파는 재미가 있다.
내게 맞는 라이브커머스
플랫폼을 찾아라!

라이브커머스 최대의 강점은 온라인쇼핑몰처럼 큰 비용이 들어가는 앱 구축 없이 물건을 팔 수 있다는 것이다. 또 홈쇼핑에 비해 적은 제작 비용으로 자신이 원하는 콘셉트로 다양한 플랫폼에 입점해서 방송할 수 있다.

하지만 아무 라이브커머스 플랫폼에 들어가서 방송할 수는 없다. 어떤 플랫폼이 자신의 상품과 타깃고객에 적합한지 잘 분석해보고 들어가야 한다. 각 라이브커머스 플랫폼별 특성과 장단점, 고객 성향 등을 분석해서 자신에게 맞는 플랫폼을 찾아 높은 매출을 올리고 단골고객들을 꾸준히 모아야 한다.

먼저 네이버, 카카오 같은 대형 IT 플랫폼사의 라이브커머스를 알아보자. 네이버는 유튜브 콘셉트로 오픈라이브 플랫폼을 운영하고 있다. 개인이나 소상공인, 온라인 소매업자, 쇼핑 인플루언서 등 입점 판매를 원하는 누구나 네이버쇼핑라이브에서 라이브커머스를 할 수 있다. 누구나 할 수 있게 열려 있기 때문에 하루에도 몇백 개의 방송들이 송출된다. 한 시간에 적게는 10개 정도에서 많게는 200개까지 송출된다. 워낙 많은 방송이 송출되다 보니 시청자 확보하기가 만만치 않다. 시청자 500명 이하의 방송이 많다.

네이버쇼핑라이브는 자체적으로 방송알림 받기 기능이 있다. 광고나 이벤트로 채널 알림받기 고객을 높일 수도 있지만, 그보다는 한 사람이라도 방송을 통해서 진짜 팬들로 채워가는 것이 의미가 있다. 유튜브의 구독, 알림처럼 라이브커머스 채널에도 방송알림 고객들을 진짜 팬으로 늘리는 것이 중요하다. 네이버 방송알림이 카카오 앱푸시만큼 효과적이지는 않다. 그러나 이 부분이 쌓여야 방송할 때마다 기본적인 시청자 수를 확보할 수 있다. 광고 비용을 쓰지 않고 구매확률이 높은 고객을 모을 수 있는 좋은 방법이다.

네이버쇼핑라이브는 누구나 할 수 있는 오픈라이브와 네이버에서 직접 편성하고 제작하는 기획라이브가 있다. 대부분 빅 브랜드들은 네이버와 직접 기획라이브로 진행된다. 방송편성표에도 사전에 노출하고, 네이버 배너광고 노출도 하기 때문에 방송 시청 수가 높다. 방송도 기획프로그램으로 유명 셀럽 출연자들이 퀄리티 높은 기획프로그램으로 진행한다. 시청자도 10만 명 이상에 매출도 몇천만 원에서 몇억 원대까지 나오기도 한다. 작년 밀레 식기세척기 방송은 매출 10억 원을 기록하기도 했다. 그러나 대부분 이런 빅 브랜드사와 직접 하기 때문에 중소 브랜드 상품들은 기획라이브를 하기 어렵다. 네이버는 이런 기획라이브 방송들을 확대하려고 한다. 라이브커머스 방송이 판매방송을 넘어 의미 있는 콘텐츠로 팬덤을 만들기 위해 노력하고 있다.

대부분의 브랜드와 소상공인들은 오픈라이브 방송으로 자신들이 직접 방송을 제작하고 광고 홍보 활동을 해야 한다. 네이버는 입점 및 라이브방송을 하기는 비교적 쉽지만, 매출을 올리기는 쉽지 않다. 사전에 방송 중 구매고객을 모으는 활동을 하지 않으면 구매전환율이 낮기 때문에 매출을 확대하기 어렵다. 방송 중 구매전환율을 높이기 위해서는

출처 : 네이버쇼핑라이브

먼저 구매전환율이 높은 상품을 선정해야 한다.

누구나 상품과 조건을 보면 구매하고 싶도록 만들어야 한다. 그리고 구매할 만한 사람들에게 많이 보여줘야 한다. 라이브커머스 방송만 한다고 매출이 늘어나지 않는다는 점을 반드시 명심해야 한다. 방송은 상품을 보여주는 도구다. 오픈라이브는 데이터 기반 판매를 위해 구매고객 데이터를 쌓아가면서 경험을 축적할 수 있는 좋은 도구다. 2021년부터 빅 브랜드사들도 직접 오픈라이브 방송을 제작하며 라이브커머스를 운영하고 있다. 앞으로도 그 추세는 계속될 전망이다.

네이버쇼핑라이브는 30, 40대 여성이 핵심 타깃고객이며 뷰티, 패션, 식품, 키즈 카테고리가 활발히 운영되고 있다. 오전 시간대는 주로 식품이나 생활, 키즈 등 40대 주부를 겨냥한 상품이 많다. 저녁 7시 이후로는 패션 뷰티, 가전 빅 브랜드 중심의 30대 타깃의 상품들이 많다. 대부분 기획프로그램들은 밤에 방송

된다. 밤 방송 시간대는 전체적인 시청자는 많지만 그만큼 방송 수도 많아서 경쟁이 치열하다. 소문난 잔칫집에 먹을 것이 없다는 말처럼 경쟁력이 없다면 이 시간 방송은 더 어려울 수 있다.

다음은 카카오쇼핑라이브다. 카카오톡은 전국민 커뮤니케이션 앱으로, 활성 사용자 수만 지난해 기준으로 3,690만 명이다. 전 국민의 71%가 사용하고 있는 셈이다. 카카오쇼핑라이브는 하루 5~7개 라이브를 고수하고 있다. 여러 정책적인 이유가 있지만 방송의 숫자, 즉 양보다는 질이라는 카카오만의 라이브 정책을 지키기 위해서라는 이유가 크다.

카카오쇼핑라이브의 강점은 첫째, 쇼핑라이브 200만 명의 플친들에게 방송 직전에 보내는 앱푸시다. 건당 20원으로 계산하면 200만 명에 4,000만 원의 광고비용을 지원해주는 것이다.

둘째, 일 200만 명이 들어오는 카카오쇼핑탭 상단에 라이브방송 화면 노출이다. 라이브방송 시작 후 쇼핑 탭 상단 노출만으로도 많은 시청자들이 유입된다. 평균 방송 1시간 동안 10만 명 정도 시청을 확보할 수 있다. 이를 통해 다른 플랫폼이 따라올 수 없는 카카오만의 임팩트 있고, 파워풀한 플랫폼을 구축하고 있다. 현재 하루 5~7개 진행하는 라이브방송 중 카

출처 : 카카오쇼핑라이브

진짜 전문가가 알려주는 **대한민국 모바일 라이브커머스**

카오 자체적으로 제작하는 방송이 3~4개이고, 외부 유통사나 브랜드사가 진행할 수 있는 오픈라이브는 3개 정도밖에 안 된다.

이 오픈라이브도 일부 제작이 검증된 업체나 브랜드사 중심으로 한정적으로 운영 중이다. 2022년 하반기부터는 카카오 오픈라이브를 확대할 가능성이 크다. 기존 카카오 플친이 많은 업체라면 카카오쇼핑라이브의 오픈라이브방송에 도전해보는 것도 좋을 것이다.

다음으로 홈쇼핑 및 온라인 유통플랫폼사다. 이 중 홈쇼핑사 라이브커머스의 강점은 이 회사들이 오랜 기간 미디어 콘텐츠 제작 기반을 갖추고 있기 때문에 콘텐츠 제작 마케팅 등에서 많은 노하우를 가지고 있다는 것이다.

가장 파워풀하게 쇼핑라이브를 운영 중인 현대홈쇼핑은 업계 최다인 일 15개의 라이브를 방송한다. 현대백화점 패션잡화 상품뿐만 아니라 다양한 홈쇼핑브랜드 상품들도 방송하며 가장 높은 매출을 올리고 있다. 라이브마다 편차가 있지만 평균 1만 명 이상의 시청자 트래픽도 확보하고 있다.

홈쇼핑사 중 가장 먼저 쇼핑라이브를 시작한 CJ는 일 11개의 라이브를 운영 중이며 키즈, 자체 PB패션, 식품 중심, 기획방송 중심으로 다양한 라이브 프로그램을 운영하고 있다.

쿠팡, 11번가, G마켓, SSG, 티몬 등 온라인커머스사의 쇼핑라이브 중 쿠팡은 일 30개 이상 라이브를 진행하고 있다. 외부 업체 입점보다는 자체 라이브 및 소속 인플루언서 중심으로 방송을 운영한다. 메인은 인플루언서가 운영하는 뷰티상품으로, 이 외에도 온라인상품, 직매입상품을 라이브방송하고 있다. 현재는 쿠팡과 계약을 맺은 인플루언서 및 자체 기획방송 중심으로 운영하고 있지만, 네이버와 같은 형식의 오픈라이브도 계획하고 있다.

11번가는 하루 5개의 라이브를 식품, 생활 중심으로 자체 제작하고 있으며, 라이브가 가능한 일부 입점사 대상으로 오픈라이브도 진행하고 있다.

G마켓은 대형 쇼핑몰사 중 가장 적은 하루 1~2개의 라이브를 진행하고 있다. 하지만 방송 포맷에서는 새로운 시도를 하고 있다. CJ ENM과 연계해 〈장사의 신동〉을 진행하고 있다. 유튜브를 통한 예능형 방송을 진행하고, G마켓쇼핑라이브와 연계해 판매하는 구조다. 시청자와 매출에서 압도적인 파워를 자랑하고 있다.

최근 뜨고 있어 눈여겨봐야 할 신규 플랫폼인 배달의민족은 하루 4개의 방송을 진행하고 있다. 식품 배달음식 전문 라이브방송으로 자리 잡으며, 평균 시청자 7만 명에 육박하고 있어 신규 플랫폼 중 가장 성공적인 모델을 구축하고 있다. 이 외에도 야놀자는 여행, 호텔, 모바일교환권, 레저 등 무형상품 전문 라이브방송을 자체 제작하고 있다. 2022년 당근마켓도 지역소상공인들과 지역주민을 연계하는 라이브커머스를 준비 중이다.

마지막으로 라이브커머스 전용 플랫폼인 그립이다. 그립은 소상공인 상품 협력사와 그리퍼(셀럽, 개그맨)를 연계하는 라이브 전문 플랫폼으로 자리 잡고 있다. 최근 카카오 인수 후 앞으로 라이브 전용 플랫폼으로 키워 해외로 진출한다는 계획이다. 그리퍼 이외 자체 소상공인들이 직접 진행하는 라이브방송들은 현재 1시간에도 100개까지 방송이 진행되고 있다. 라이브커머스 전문 플랫폼답게 마니아 상품, 마니아 채널로 자리 잡으며 50대 구매자가 많은 특징이 있다.

라이브커머스 업계도 다양한 플랫폼이 우후죽순 생기면서 점차 경쟁이 치열해지고 있다. 차별화 상품, 콘텐츠 준비가 선행이 되어야 하고, 여기에 가장 적합한 라이브커머스 플랫폼을 선택하는 것이 성공의 출발점이다.

플랫폼별 라이브커머스 방송

G마켓 : G라이브(장사의 신동)   11번가 : 라이브11

배달의민족 : 배민라이브   SSG.COM : SSG LIVE

07

평범한 라이브방송은
이제 그만!

유튜브 프로그램을 제작하는 유튜버들이 가장 심혈을 기울이는 부분은 바로 첫 화면인 썸네일이다. 시청자가 제일 먼저 보게 되는 썸네일이 자극적이고 호기심을 끌지 못하면 시청자의 채널 선택을 받을 수 없다. 라이브커머스 방송도 일반 홈쇼핑처럼 상품 소개만 하고 판매만 해서는 안 된다. 재미와 스토리로 소통하고 호기심을 줘야 시청자도 많이 불러올 수 있고 시청시간도 늘릴 수 있다.

라이브커머스는 상품만이 아니라 재미, 스토리, 호기심을 팔아야 한다. 여기에는 라이브커머스만의 특수성이 있다. 라이브커머스 상품은 살려고 마음을 먹은 상품이 아니라 상품을 보는 순간 사고 싶은 충동이 생기게 만들어야 한다. 그러려면 라이브하는 상품의 상품정보, 상품특징 등을 잘 분석하고 이해해서 재미있고, 호기심을 유발하는 스토리와 콘텐츠로 상품을 포장해야 한다. 그 상품을 잘 소화하고 고객과 잘 커뮤니케이션 할 수 있는 능력 있는 방송 진행자를 출연시켜야 한다.

모든 협력업체에 열린 오픈라이브를 지향하는 네이버에서는 하루 100개 이상의 라이브가 진행되고 있다. 식품이나 뷰티, 패션은 방송이 겹치거나 중복되는 브랜드들도 많다. 이렇게 많은 브랜드들 중에 어떤 상품, 브랜드가 고객의 선택을 받을 것인가?

네이버쇼핑라이브 2022년 1월 시청자, 구매순 랭킹 순위다. 네이버의 쇼핑라이브 탭에 들어가 보면 구매순, 시청자순으로 라이브 순위 10위까지를 볼 수 있다. 이 순위를 보면 많은 브랜드들 중에 왜 이 상품들이 고객의 선택을 받았는지 알 수 있다.

주요 라이브 콘텐츠 순위 특징은 다음과 같이 요약할 수 있다.

첫째, 일단 싸야 한다. 모든 상품 가격 세일 카피를 보면 자극적이다. 역대급 혜택이 가장 많이 보이고, 최대 65% 이상, "사장님이 미쳤어요", 설 명절 특집 "특가가 내려온다", 설프라이즈, 브랜드데이 등 가격과 관련해서 기가 막힌 표현들이 많다.

둘째, 셀럽이나 연예인, 유명 인플루언서가 출연한 고정 프로그램이 역시 매출, 시청자 두 마리 토끼를 다 잡으면서 인기를 끌고 있다. 라이브커머스 특성상 고객은 인플루언서나 셀럽이 정해진 시간에 고정적으로 하는 프로그램을 잘 기억하지, 일반적인 평범한 상품의 라이브 시간은 잘 기억하지 못한다.

유명 인플루언서나 연예인이 출연한 고정 프로그램이 시청자를 끌어오고, 높은 매출을 올리는 방송의 가장 큰 장점은 또한 고정 팬덤 확보가 용이하다. 이러한 고정 팬들은 높은 구매전환율로 단골 구매고객이 되기 쉽다.

네이버쇼핑라이브 인기라이브 구매순/시청순(2022년 1월 말 기준)

출처 : 네이버쇼핑라이브

구매 순위

1위 : 설맞이 휴롬 최신상 착즙기 8만 5,000원+17% 혜택

2위 : 레오플릭스/레오제이가 소개하는 아르마니 신상 & BEST

3위 : 최대 65%/설명절 특집 특가가 내려온다 종근당 건강

4위 : 이노스 브랜드데이/feat. 사장님이 미쳤어요

5위 : 본사 진행/마스크 사고 세니타이저 받자

6위 : 2022년 1월 24일 설프라이즈/함소아공식몰

7위 : 덴프스 브랜드데이 신년 역대급 특가~71%

8위 : 아임반/설맞이 브랜드데이 라이브

9위 : 설날대전 갤럭시 워치 4 마지막 라이브

시청자 순위

1위 : 레오플릭스/레오제이가 소개하는 아르마니 신상 & BEST – 50만 명

2위 : 원도랜드 페스타/김해나 당신이 픽한 뷰티 선물은 – 47만 명

3위 : 월간선물숍/원더랜드 페스타 기프트데이 김해나 – 46만 명

4위 : 리코의 랭킹쇼핑 뷰티원더랜드 로레알 파리 베스트템 특가 – 46만 명

진짜 전문가가 알려주는 **대한민국 모바일 라이브커머스**

네이버쇼핑라이브가 초기에 도입한 'only 핸드폰 라이브 촬영'을 지금도 계속 고집하고 있는 라이브커머스 플랫폼사들은 없을 것이다. 이제는 모든 라이브커머스 플랫폼사가 차별화 콘텐츠를 기획해 한 편의 스토리텔링이 있는 드라마를 보는 듯한 라이브 콘텐츠 구성으로 기획, 제작하고 있다. 다양한 CG그래픽을 도입한 편집기술로 웬만한 예능 방송을 뛰어넘는 수준의 고품질의 라이브가 속출하고 있다.

이제 다양한 스토리와 새로운 미디어 콘텐츠로 무장한 기획 테마 라이브방송들이 많아질 것이다. 기존 홈쇼핑 같은 방송이나 상품설명만 하는 콘텐츠로는 팬층을 만들 수 없다. 폭넓은 팬덤을 가지고 있는 방송 진행자의 매력이나 상품의 차별화 스토리 콘텐츠를 가지고 기획한 프로그램들이 각광을 받을 것이다. 소문난 잔칫집은 많은 사람들이 온다. 라이브커머스 방송을 소문난 잔칫집으로 만들어야 한다.

08
라이브커머스 타깃형
전문 플랫폼 시대가 오고 있다

라이브커머스 플랫폼 춘추전국시대다. 어제의 승자가 내일의 패자로 바뀔 수 있을 정도로 라이브커머스 시장이 빠르게 바뀌며 성장하고 있다. 영원한 절대강자가 없는 말 그대로 춘추전국시대다. 플랫폼 춘추전국시대라는 말을 이해하지 못할 독자가 있을 수 있어서 간략히 현 상황을 먼저 정리해보고자 한다.

첫 번째 세력은 승자의 패권에 가장 근접해 있으며, 강력한 포털 플랫폼을 구축하고 있는 네이버와 카카오다. 이들에게는 보통 트래픽이라고 불리는 고객 이동량과 방문 수가 하루 평균 수백만 명 이상에 달할 정도로 강력하다. 이들은 이러한 방문자를 대상으로 강력한 무기를 쓸 수 있다. 바로 앱푸시와 배너 등의 디지털 광고 영역이다. 그리고 막대한 양의 고객 빅데이터가 있다. 이러한 고객 데이터 분석을 통해 이들은 고객 성향별, 구매 특징별 타깃 마케팅이 가능하다. 이것은 감히 다른 플랫폼사들이 따라올 수 없는 그들만의 강력한 무기가 될 수 있다.

두 번째 세력은 절대강자군은 아니지만, 호시탐탐 언젠가는 절대강자의 위치에 오르기 위해 칼날을 갈고 있는 온라인쇼핑 몰군이다. 이 중 먼저 온라인쇼핑몰 매출은 최강이지만, 유독 라이브커머스 부문에서는 강한 존재감을 지금까지 못 보여주고 있는 쿠팡, 신세계그룹 인수 이후 아직은 명확한 라이브커머스 정책운영 방향을 안 밝히고 있는 G마켓, 오픈라이브 진출까지 염두에 두고 활동영역을 넓히고 있는 11번가 등의 회사가 이 세력에 들어간다. 이들은 네이버, 카카오만큼은 아니지만, 그들에 필적할 만한 트래픽, 디지털 광고 역량, 고객 빅데이터 등의 마케팅 노하우를 가지고 때를 기다리며 준비하고 있다고 생각된다.

세 번째 세력은 배달의민족이나 요기요와 같은 전문 쇼핑 배달 앱이다. 앞서 열거한 라이브커머스 업계 여러 플랫폼사 중에서도 큰 폭의 성장과 함께 라이브커머스 판을 바꿀 수 있는 게임 체인저로 유심히 지켜봐야 할 잠재력이 큰 세력이 이들이라고 생각된다.

라이브커머스가 처음 시작된 것은 티몬이 티브온으로 론칭한 2017년 3월이다. 네이버가 본격적으로 모든 입점업체에 열린 라이브 기회를 제공하는 오픈형 쇼핑라이브를 시작한 것은 2020년 7월이다. 라이브커머스는 이처럼 단기간에 모든 이커머스 업계를 통틀어 가장 빠르게 성장하고 있다. 그중에서도 2021년 3월에 론칭한 배달의민족은 쇼핑라이브 론칭 이후 불과 1년도 안 되어 라이브커머스 업계 다크호스로 급부상하고 있다.

음식과 배달을 라이브방송에 접목한 신개념 배민쇼핑라이브는 최근 발표한 자료에 따르면, 평균 시청 수는 7만 1,100회, 작년 1~3분기 앱 누적 결제금액 순위에서 네이버와 쿠팡에 이어 3위를 차지했다. 특히 주목할 포인트는 20대가 가장 많이 결제한 앱 1위에 오르면서 동네 맛집부터 대형 식품회사까지 입점에 눈독을 들이는 푸드 전문 플랫폼으로 자리를 잡았다는 것이다.

그럼 배달의민족은 어떻게 먼저 라이브커머스를 시작한 플랫폼들과 격차를 벌리면서 이렇게 빠르게 자리를 잡을 수 있었을까?

그 바탕에는 마케팅에서 중요한 핵심 전략 중 하나인 포지셔닝에 있다. 다른 플랫폼보다 늦게 시작했지만, 배달의민족은 식품, 음식 중심의 배달 전문 라이브플랫폼으로 고객의 기억, 인식에 빠르게 자리 잡았기 때문에 가능했다.

고객인 소비자의 기억은 한계가 있다. 국내에 운영 중인 온라인과 모바일 쇼핑몰 그리고 라이브커머스 플랫폼의 수, 실시간 운영 중인 상품 종류는 소비자 기억과 인식의 용량한계를 넘어서고 있다. 아무리 좋은 상품, 싼 가격으로 방송을 해도 고객이 알고 들어와서 봐야 구매할 수 있다. 그런데 그 많은 방송을 고객이 어떻게 기억하고 방송을 보러 들어오겠는가?

하지만, 고객은 식품 또는 배달음식이 먹고 싶을 때 고민을 하지 않는다. 왜냐면 배달의민족이 바로 기억에 떠오르고, 앱에 찾아가서 라이브를 보고 구매 클릭을 하기 때문이다. 이게 포지셔닝 전략의 핵심인 고객 기억, 인식의 중요성이다.

참고로 포지셔닝은 1972년에 광고회사 간부인 알 리스Al Ries와 잭 트로우트Jack Trout가 도입한 전략으로 포지셔닝은 소비자의 마음속에 자사제품이나 기업을 표적 시장·경쟁·기업 능력과 관련해서 가장 유리한 포지션에 있도록 노력하는 과정을 말한다. 콜라 하면 코카콜라가 떠오르고, 김치냉장고 하면 딤채가 떠오르는 과정을 이해하면 빠를 것이다.

결론적으로 말하자면, 배달의민족 쇼핑라이브가 빠르게 자리를 잡을 수 있었던 이유는 2가지다. 일단 배달음식, 유명맛집의 밀키트 하면 떠오르는 라이브커머스 플랫폼이 바로 배민이었다. 또한, 성공적인 배민의 라이브커머스 상품 운영 정책이다. 배민은 이러한 지역 맛집이나 배달 음식과 궁합이 잘 맞는 다양한 식품 방송을 묶어 라이브를 하면서 많은 시청자를 끌어모으고 있으며 높은 매출을 올리고 있는 것이다.

예를 들면, 삼겹살 맛집 라이브를 하면서 기름진 삼겹살을 먹은 이후 디저트에 어울리는 망고 방송을 같이 하는 것이다. 이러한 전략이 먹히면서 라이브방송당 평균 7만 명의 시청자를 끌어모으고 있는 것이다.

시간당 100개 이상의 오픈라이브를 진행하고 있는 네이버쇼핑라이브의 시청자 수가 수백 명 수준인 방송이 많다는 점을 감안하면, 배달의민족 쇼핑라이브의 평균 시청자 수는 더욱 대단하다고 느껴진다.

하지만 최근 배달의민족 언론 발표 자료를 보니 날이 갈수록 치열해지는 배달업계의 경쟁에서 살아남기 위해 음식 배달을 넘어 퀵커머스를 핵심으로 이커머스에 도전한다고 한다. 개인적인 생각이지만, 지금처럼 배달의민족이 식품에 특화하고 전문화된 사이트로 계속 키워나가도 훨씬 더 성공적인 모델을 만들 수 있다고 생각된다.

더불어 요기요나 당근마켓 같은 전문 커머스플랫폼도 본격적으로 라이브커머스에 뛰어들고 있다. 이러한 전문 플랫폼 회사들의 성공 확률이 더욱 높을 것으로 생각된다. 이젠 일반적인 라이브커머스 플랫폼보다는 포지셔닝 전략에 기반을 둔 전문 플랫폼의 시대가 오고 있는 것이다.

09

고객 데이터로 찾아가는 마케팅을 하라 _ 카카오쇼핑라이브의 강력한 필살기

라이브커머스 마케팅의 본질은 고객 구매데이터의 활용이다. 라이브커머스 마케팅의 핵심은 불특정 다수를 타깃으로 한 방송이 아니라, 상품을 구매할 확률이 높은 타깃고객을 찾아서 앱푸시나 디지털 광고(배너) 등 사전 마케팅을 효과적으로 하는 것이다.

라이브커머스와 가장 궁합이 잘 맞는 마케팅은 방송 직전의 앱푸시 광고다. 정해진 시간에 진행하는 실시간 라이브는 한정적인 시간 안에 많은 고객들을 끌어모아야 하기 때문에 앱푸시가 가장 효과적이다.

앱푸시는 이용자가 스마트폰에 설치한 애플리케이션에서 배너나 팝업 형태로 보내는 알림을 뜻한다. 앱푸시를 이용해 영리 목적의 광고성 정보를 보내는 행위는 정보통신망법 적용 대상에 해당한다.

앱푸시를 보낼 때는 타깃을 세밀하게 해서 보내야 한다. 라이브 상품을 구매할 가능성이 가장 높은 고객을 선별해서 앱푸시를 보내야 매출을 극대화할 수 있다. 즉 살 사람들만 잘 골라서 방송 직전에 앱푸시를 보내는 것이 가장 효율적인 라이브커머스 마케팅이다.

카카오가 빠르게 라이브커머스 강자로 자리 잡은 배경에는 이와 같은 2가지의 강력한 마케팅 무기를 가지고 있기 때문이다.

첫 번째로 카카오쇼핑라이브는 200만 명 이상의 카카오플러스친구(이하 카플친) 회원이 있다. 카플친 회원은 앱푸시 수신 동의를 한 회원이기 때문에 라이브를 하게 되면 사진에 이 회원들 대상으로 한번 발송에 3개 이상의 라이브 상품정보를 담아 원하는 만큼 앱푸시를 보낼 수 있다.

신세계쇼핑라이브는 카카오쇼핑라이브에 입점해 라이브를 진행하고 있기 때문에 카카오의 앱푸시 파워를 실감할 때가 자주 있다. 앱푸시를 보내면 최소 10만 명 이상의 시청자가 확보

카카오쇼핑라이브 플친 회원 및 앱푸시, 쇼핑라이브탭(2022년 4월 기준)

쇼핑라이브 플러스친구 채널
출처 : 카카오쇼핑라이브

카카오쇼핑라이브 앱푸시

카카오쇼핑라이브 탭 매장

진짜 전문가가 알려주는 **대한민국 모바일 라이브커머스**

된다. 반대로 앱푸시를 보내지 않고 라이브를 할 때가 있는데 시청자가 절반 수준 이하로 떨어진다. 현재 라이브커머스를 운영하는 플랫폼 중에 이 정도 수준의 시청자를 끌어모을 수 있는 플랫폼은 많지가 않다.

대부분의 라이브커머스 플랫폼도 고객 데이터를 가지고 있고 앱푸시를 보낼 수 있다. 하지만 차이는 응답률에 있다. 수많은 고객들이 하루 수십 번 이상 이용하는 카카오톡을 메인 플랫폼으로 쓰고 있는 카카오쇼핑라이브의 응답률은 높을 수밖에 없다.

두 번째로 카카오는 구매 성향별 고객 세분화가 가능해 타깃고객을 선별해서 보내는 앱푸시가 가능하다. 카카오는 카톡을 이용하는 고객들의 연령대별 구매 이력 및 구매 선호도를 기본 데이터로 분석하는 기능이 있고, 이 데이터를 분석해 앱푸시를 보낼 수 있다.

얼마 전 카카오쇼핑라이브에서 감자빵과 시즌 햇감자 방송을 한 적이 있다. 두 개의 방송 타깃고객층은 완전히 다르다. 감자빵은 20, 30대가 메인 타깃이고, 신선식품인 햇감자는 40, 50대 여성이다. 이렇게 라이브 시작 전에 상품 특성에 맞게 사전 타깃고객을 선별해 타깃팅해서 앱푸시를 보내고, 이러한 고객 세분화와 타깃팅은 상품 판매율을 높일 수 있다. 이것이 바로 라이브커머스 마케팅의 핵심이다.

고객 신뢰 없이는
라이브커머스의 미래도 없다

2005년 당시 CJ홈쇼핑 신입사원으로 입사했을 때는 국내 홈쇼핑이 생긴 지 10년이 되던 해였다. 당시만 해도 홈쇼핑 산업이 급성장하는 시기였고 경쟁도 매우 심한 때였다. 오죽하면 TV 라이브방송 중에 PD가 연출하던 자리를 워룸War Room이라고 불렀다.

말 그대로 라이브방송은 전쟁터였다. 당시 같은 시간에 비슷한 컴퓨터 제품 방송을 A, B사가 같이한다면 경쟁사보다 많이 팔기 위해서 방송 중에 PD와 MD가 협의해서 갑자기 추가 사은품으로 프린터기를 주기도 했다. 그러면 경쟁사에서 이에 질세라 복합기에 추가 할인까지 했었다. 지금은 상상할 수 없는 일이지만 그때는 이런 일들이 비일비재했다.

이런 상황에서 홈쇼핑 방송의 여러 문제점들이 생기게 되었다. 코미디 프로그램에서 홈쇼핑의 과대, 과장 방송을 패러디하며 풍자하기도 했다. 그 당시 신규 유통산업으로 급성장하던 홈

진짜 전문가가 알려주는 **대한민국 모바일 라이브커머스**

쇼핑의 과대, 과장 방송은 고객들의 불신을 키웠고, 홈쇼핑 산업 전반에 위기감을 고조시켰다.

당시 CJ홈쇼핑에서 트러스트 빌딩Trust Building이라는 사내 자정 운동도 있었다. 사내 곳곳에 트러스트 빌딩을 써놓고, 많은 교육들이 이루어지고 제도적인 부분을 만들기도 했다. 고객 신뢰 확보를 위해서 과대, 과장 허위 방송을 하지 않고, 고객을 속이지 않기 위한 자정 운동이었다. 다행히 홈쇼핑 전반으로 이런 자정 운동들이 번져 나갔고, 점차 홈쇼핑 고객들의 신뢰를 찾아갔다. 처음에는 매출 때문에 여러 반대 의견들도 있었지만, 이러한 자정 노력이 지금까지 홈쇼핑 산업 자체를 유지하고 성장하는 밑바탕이 되었다.

모바일 라이브커머스 산업도 2005년 홈쇼핑 방송의 위기처럼 현재 고객들의 신뢰를 얻어가는 중요한 시기라고 생각한다. 유통은 저렴한 가격과 다양한 상품도 중요하지만, 가장 중요한 것은 고객과의 신뢰다. 이게 무너지면 모든 것이 무너진다. 지금 라이브커머스 방송들이 우후죽순 생겨나면, 분명 방송에 대한 고객 신뢰 문제가 나올 수 있다.

라이브커머스는 아직까지 얼마 안 된 신생 산업이기 때문에 정부에서도 심의나 통제를 심하게 하지는 않고 있다. 작년부터 네이버, 카카오 같은 대형 플랫폼사 중심으로 심의 부분에 관해 유심히 지켜보고 있다. 홈쇼핑 방송처럼 엄격한 심의 규정을 들이대고 있지는 않지만, 분명 이제부터는 여러 가지 심의 규제를 조금씩 적용해나갈 것이다.

이에 대비해서 미리 준비하고, 라이브커머스 산업 전반의 성장을 위해서 모든 플레이어들이 고객 신뢰를 확보하기 위해서 노력해야 한다. 고객이 라이브커머스에서 상품으로 실망하든, 방송으로 실망하든 한번 잃어버린 고객 신뢰는 다시 찾을 수 없다.

기존 홈쇼핑 산업처럼 몇몇 영업 허가를 받은 업체들만 있고, 이를 정부에서 엄격히 통제하면 어느 정도 통제가 가능할 것이다. 그러나 라이브커머스는 플레이어들이 일반 소상공인부터 개인 출연자들까지 다양하고, 하루에도 수백 개 이상의 라이브 방송들이 송출되기 때문에 이를 모니터링하고 통제하기란 불가능에 가깝다.

이런 상황에서 이 산업을 키우기 위해서는 모든 라이브커머스 플레이어들이 스스로 심의기준을 지키고 함께 고객 신뢰를 확보해나가야 한다. 라이브커머스가 반짝 떴다 사라지는 서비스가 아니라 지속적으로 새로운 유통채널로 자리 잡기 위해서는 이 부분이 정말 중요하다. 한번 떠난 고객은 다시 돌아오지 않는다. 심의 규제는 귀찮고 어려울 수 있지만, 모두가 준수하고 규정을 따라야 이 시장을 지킬 수 있다.

앞으로 전반적으로 방송 심의 규제가 강화될 예정이다. 아직 정부에서 내놓은 명확한 라이브커머스에 대한 심의 규제는 없다. 법이 있기 전에 스스로 최소한의 규칙들은 지켜 나아가야 한다. 홈쇼핑 방송 기준만큼 맞추기는 어렵더라도 최소한 거짓말하지 않고 나쁜 말을 하지 말아야 한다. 오픈라이브 방송들이 많이 생기면서 라이브커머스 플랫폼들도 이런 심의 문제들에 관해 고심하고 있다. 기본적으로 라이브커머스 출연자와 방송제작사들, 판매자들은 방송 및 유통 관련 심의 교육을 받아야 한다. 시스템적으로 이런 부분이 뒷받침되어야 라이브커머스가 고객들에게 신뢰를 얻고, 앞으로 성장할 수 있을 것이다.

라이브커머스가 이제 한 단계 성숙하고 도약하기 위해서 라이브커머스 플레이어와 플랫폼사 모두 심의와 고객과의 신뢰 구축 부분에 신경을 써야 할 것이다.

11

라이브커머스 위기 요인과
지속성장 가능성

라이브커머스가 이커머스 전자상거래 업계에 신선한 바람을 불러일으키며 빠르게 성장하고는 있다. 하지만 지속성장 가능성과 수익성 측면에서 아직은 성공한 비즈니스 모델이라고 판단하기는 어렵다. 아직은 해결해야 하고 극복해야 할 문제들이 산재해 있다.

불과 3, 4년 전 페이스북을 통해 기발하고 재미있는 영상으로 마약베개와 퓨어썸 샤워기를 빅히트시키며, 미디어커머스라는 퍼포먼스 마케팅의 새로운 비즈니스 모델을 창조한 블랭크코퍼레이션의 모델이 지금도 지속할 수 있는 성공 모델이라고 평가하는 사람은 많지 않을 것이다. 지금은 메타로 회사명을 변경한 페이스북이 내리막길을 걷고 있는 것처럼 말이다.

그때만 해도 미디어콘텐츠를 통한 커머스가 대세가 되어 엄청나게 큰 성장을 할 거라고 생각했다. 그렇게 되지 않은 이유는 몇 가지로 정리해볼 수 있을 것 같다.

마약베개, 퓨어썸 샤워기 블랭크코퍼레이션 히트상품들

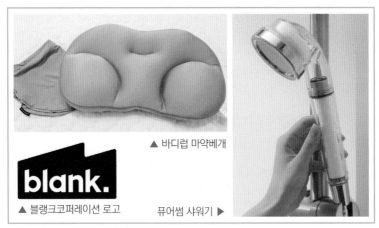

▲ 바디럽 마약베개

▲ 블랭크코퍼레이션 로고

퓨어썸 샤워기 ▶

출처 : 블랭크코퍼레이션 브랜드 웹사이트

첫째, 재미있고 기발한 미디어 영상을 통해 고객에게 후킹(낚시질)을 하고, 구매를 유도하는 모델이 처음에는 신선하고 관심을 끌었지만, 점차 고객의 니즈를 충족시키지 못했다. 고객의 식상함과 비슷한 포맷의 영상에 관한 피로도를 해결할 방법을 찾는 데 실패한 것이다.

또한, 유사 비즈니스 모델이 우후죽순 생기면서 미디어커머스만의 차별화 상품개발 없이 다른 오프라인 및 온라인 유통사들과 유사한 상품 판매로는 더 이상 고객의 선택을 받기가 어려운 상황을 맞이했다.

둘째, 대부분의 미디어커머스 업계가 페이스북을 메인 판매 플랫폼으로 활용하면서 페이스북이 매출, 이익을 확대할 목적으로 광고비를 올리자 미디어커머스 업계의 수익성이 떨어지는 현상이 생기게 되었다.

유튜브나 틱톡 등 페이스북의 강력한 경쟁자들이 페이스북의 마켓쉐어를 잠식하자 페이스북의 플랫폼 파워는 급속히 떨어지면서 기존 미디어 퍼포먼스 마케팅 업체들의 경쟁력도 동시에 떨어지고 있다.

라이브커머스 업계가 차별화 상품 개발과 새로운 콘텐츠 기획, 운영 시스템의 혁신을 지속해서 하지 않는다면, 이러한 유사한 결과가 라이브커머스 업계에도 발생할 수 있다. 요즘 디지털 MZ세대뿐만 아니라, 빠르게 디지털 트렌드에 녹이들고 있는 40, 50대도 기존 트렌드에 싫증을 빨리 느끼고 항상 새로운 것을 찾는 데 익숙하다. 틱톡이나 유튜브의 숏츠 영상이 인기를 끌고 있는 이유가 여기에 있다.

라이브커머스 업계가 지속적인 성장을 유지하고, 새로운 모바일 라이브커머스 생태계를 창조해가려면 먼저 지금 현재 당면한 라이브커머스 위기 요인을 하나씩 짚어 보고 개선방안을 찾아 변화와 혁신을 시도해야 한다.

첫 번째로 라이브커머스 업계가 빠르게 성장할 수 있었고, 여러 모바일 비즈니스 업체들이 라이브커머스 사업에 뛰어든 이면에는 손쉬운 제작 방법에 있다. 네이버가 제일 먼저 시도한 핸드폰으로 촬영하고 송출할 수 있는 시스템은 라이브커머스 확산에 불을 지피고, 소상공인뿐만 아니라 1인 방송까지 라이브커머스에 뛰어들게 만든 것이 사실이다.

하지만 단점이 있다. 라이브커머스의 핸드폰 촬영은 고객이 원하는 상품의 클로즈업 영상을 찍는 데 어려움이 있으며, 상품을 상세하게 설명하는 데 있어 진행자 멘트말고는 할 수 있는

진짜 전문가가 알려주는 **대한민국 모바일 라이브커머스**

방법이 많지가 않다. 핸드폰 촬영에서는 자막이나 기타 재미있는 영상 편집을 활용할 수도 없다.

고객과 커뮤니케이션을 위한 채팅을 수월하게 진행하는 데도 문제가 생긴다. 핸드폰 카메라 앵글은 다양한 방향에서 찍을 수 없어서 한 방향으로만 계속 보게 되는데, 이러한 영상은 고객이 지루하게 느낄 수 있다. 방송이 단순하고 재미없어 보이는 문제가 발생한다.

이 문제를 해결하기 위해 지금 대부분의 라이브커머스 플랫폼사들은 핸드폰 촬영이 아닌, 스튜디오에서 기술팀, 카메라, 영상 미디어 디자인 편집팀을 두고, 재미있고 스토리 있는 고품질의 방송을 경쟁적으로 제작하는 시스템을 갖추고 있다.

이렇게 재미있는 스토리에 고기능성 카메라로 촬영하고, 편집 기술이 총동원된 라이브 영상을 본 고객들은 이젠 1인 핸드폰 촬영 영상에 만족감을 못 느끼고 외면하고 있다. 한번 높아진 고객의 눈높이는 절대 내려가지 않는다.

이러다 보니 핸드폰 촬영 때와 비교하면, 라이브커머스 방송 하나당 제작비가 올라갈 수밖에 없다. 요즘 라이브커머스 제작에 들어가는 평균 제작비용을 보면, 최소 200만 원에서 500만 원 이상이다.

제작비 목록에는 PD/방송기술(카메라 송출 등), 영상디자인 편집, 상품 기획운영자 MD 등의 인건비와 헤어메이크업, 의상, 소품 세트 등 방송 지원 비용이 들어간다. 만약 셀럽이나 인플루언서 등 유명인을 방송 진행자로 기용하면 비용은 훨씬 더 올라간다.

홈쇼핑 제작 비용만큼은 아니지만, 이제는 라이브커머스 방송제작에도 많은 비용이 들어가고 있다. 이 부분은 수익성 측면에서 라이브커머스의 지속적인 성장을 저해하는 요인으로 작용하고 있다.

두 번째로 라이브커머스 방송의 고정 트래픽(고정 방송 시청자) 확보 문제다. 홈쇼핑은 유료시청회원을 확보한 케이블 방송국 채널에 입점 수수료를 주고 방송을 하고 있기 때문에 케이블 채널별로 확보하고 있는 300만 명에서 500만 명 정도의 잠재고객을 대상으로 판매할 수 있다.

하지만 라이브커머스는 이와 같은 고정 케이블 채널이 없다. 라이브커머스를 자체 플랫폼에서 이미 오래전부터 시작한 CJ, GS, 현대, 같은 홈쇼핑사에서 진행하는 라이브는 자체 플랫폼 가입 회원이 있음에도 불구하고, 시청자 수천 명을 넘기기가 쉽지 않다.

이러한 문제가 포털 플랫폼인 네이버나 카카오가 라이브커머스 방송에 뛰어들면서 개선되고 있는 것처럼 보인다. 하지만 오픈 채널을 운영하는 네이버를 예로 들자면, 하루 수백 개가 넘는 방송이 있어도 시청자 1만 명이 넘는 방송이 많지가 않다. 알림이나 앱푸시 배너광고 등 사전 마케팅을 진행하지 않으면 고정팬층, 고정시청자를 확보하기가 쉽지가 않다. 제작비와 더불어 사전 마케팅 비용 문제도 라이브커머스 수익성을 떨어뜨리는 요인으로 작용하고 있다.

매출 이익적인 측면에서 최소 5,000명에서 1만 명 이상의 시청자가 들어와야 구매전환율을 감안했을 때 BEP매출, 즉 최소한의 이익을 낼 수가 있는데 1만 명이 시청하는 방송을 만들기가 쉽지 않다는 것이 가장 큰 문제다. 어떻게 라이브커머스 방송 시청 고객을 늘릴 것인지, 어떻게 고정 시청 팬층을 확보할 것인지, 케이블 방송 같은 플랫폼을 어떻게 개발하고 유지할 것인지가 라이브커머스 업계가 당면한 과제다.

세 번째로 상품적인 측면에서 라이브커머스만의 차별화 상품이 지속적으로 개발되어야 한다. 이제 고객은 온라인쇼핑몰, 홈쇼핑 어디서든 상품을 살 수 있고, 모바일 구매에도 익숙해져 있다. 코로나19의 영향으로 50, 60대도 모바일 구매를 알게 되어 빠져들고 있다.

라이브커머스 업계는 상품 차별화를 통해 라이브커머스에서 구매해야 하는 이유를 만들어야 한다. 라이브커머스가 지속성장하려면 온라인쇼핑몰, 오프라인매장, 홈쇼핑에서 파는 동일한 상품이 아니라 라이브커머스에서만 살 수 있고, 모바일 라이브커머스의 특수성을 살릴 수 있는 라이브커머스만의 콘텐츠와 상품을 지속적으로 개발해야 한다.

마지막으로 시스템의 개선이다. 모바일을 통한 방송 화질이나 속도, 구매 프로세스가 여러 시스템적인 이유로 느리고 답답하다는 고객의 의견이 빈번하다. 홈쇼핑이나 온라인쇼핑몰에 비해 아직은 미흡하고 고객의 니즈를 뛰어넘지 못하고 있다.

하지만 암(暗)이 있으면 명(明)이 있는 법이다. 이러한 여러 위기 요인에도 당분간은 라이브커머스 업계의 성장은 지속될 것이다. 그 이유 중 첫 번째는 모바일 동영상과 실시간 소통에 익숙한 MZ세대들뿐만 아니라 코로나19 이후 디지털 미디어에 관한 이해도가 올라가고, 온라인 콘텐츠 이용 경험이 풍부해지고 있는 구매력이 왕성한 중장년세대가 급속도로 라이브커머스에 친숙해지고 활발히 이용하는 데 있다.

두 번째는 브랜드나 제조업체가 유통업체를 통해서가 아닌 라이브커머스를 통해 소비자와 직접 만나고 판매할 수 있는 판매 프로세스가 다양한 브랜드와 제조업체에 확대되고 있다. 특히 네이버는 중소상공인이 별도의 스튜디오나 장비 없이 스마트폰 라이브를 통해 소비자에게 직접 판매할 수 있다는 점을 강조하며 많은 제조회사를 입점시키고 있다.

또한 패션 회사들이 유통사에 입점하지 않고 더 저렴한 수수료로 라이브플랫폼을 활용해 영업하는 사례가 급증하고 있다. 특히 명품 패션 뷰티 회사들이 자체 라이브커머스 플랫폼을 구축하고, 다이렉트로 고객에게 다양한 상품을 라이브 하며, 저렴한 가격으로 판매하는 프로세스가 확대되고 있다.

세 번째는 기술 고도화로 미디어커머스가 보다 정교해지고 빨라지고 있다는 점이다. 답답한 속도와 복잡한 상품 구매 시스템 때문에 라이브커머스를 이용하지 않는다는 고객도 있다. 하지만 본격적으로 5G가 도입 및 확산되면 시간과 장소에 구애받지 않고, 더 편하고 빠르게 라이브커머스를 현장에서 실감나게 구현하고 고객이 구매할 수 있는 시스템이 구축될 것이다.

네 번째는 다양한 미디어커머스 플랫폼들이 더 커지고 다양한 브랜드 제조사들이 입점할 수 있는 오픈라이브가 활성화될 것이다. 카카오나 네이버 등 포털 메이저 플랫폼들이 홈쇼핑 방송의 케이블방송국 역할을 할 공산이 크다. 그렇게 되면 더 많은 발전이 이루어질 수 있다. 현재에도 신세계라이브쇼핑처럼 네이버나 카카오쇼핑라이브를 통해 라이브커머스를 진행하는 등 자체 플랫폼과 메이저 채널을 가진 사업자나 브랜드도 다양한 플랫폼을 활용해 고객과의 접점과 소통을 확대하고 있다.

마지막으로, 다양한 엔터테인먼트사와의 융합이 지속될 것이다. 최근 연예기획사, 케이블 방송, 온라인쇼핑몰의 융합 사례인 〈장사의 신동〉은 라이브커머스 산업이 커지면서 자연스럽게 엔터테인먼트와 콘텐츠 제작뿐만 아니라 유통의 커머스와 직접적으로 연계되어, 라이브커머스 시장 투자를 주도하고 성장을 촉진하는 계기가 되고 있다.

이처럼 라이브커머스 비즈니스 모델은 명암의 요소가 공존하며 발진하고 있다. 하지만 리이브커머스 업계에서 콘텐츠나 상품, 플랫폼, 시스템의 개발이나 혁신 없이 눈앞에 보이는 매출 이익 중심의 운영에만 머문다면 지속성장 가능한 비즈니스 모델 창출은 어려울 것이다.

그래서 라이브커머스 위기 요인과 라이브커머스 업계의 지속성장을 가능하게 만드는 요인들을 잘 분석하고 최적의 전략을 수립, 준비하고, 실행한다면 라이브커머스 업계는 이커머스 업계에서 라이브커머스만의 독보적인 입지를 구축할 수 있을 것이다.

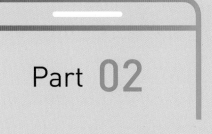

Part 02

매출 1억 원 올리는
스타상품 만들기

전설의 감자빵
탄생 스토리

"매진입니다! 3,000개 준비한 수량이 다 팔렸습니다. 감사합니다. 고객님! 짝짝짝."

홈쇼핑 분야에서 일하거나 라이브로 상품을 판매하는 사람들을 가장 가슴 설레게 하고 자다가 꿈에서도 외쳐보는 소리가 완판, 매진일 것이다. 매진! 완판! 한마디로 준비한 상품을 한정된 시간에 다 팔아 치우는 것이다.

이 분야에 일하는 PD, 상품기획자 모두가 이 완판의 꿈을 향해 불철주야 노력하고, 좋은 상품을 찾기 위해 백방으로 발로 뛰고 있다. 유통에서 판매하는 상품은 구매유형에 따라 크게 2가지 카테고리로 나눠볼 수 있다. 목적형과 발견형 상품이다.

목적형 상품은 치약, 휴지나 가공식품처럼 지속적으로 필요한 소모성 생필품을 말한다. 이러한 상품의 구매요인은 브랜드나 상품의 가치보다는 필요성과 일단 가격이 싸야 한다. 발견형 상품은 패션, 뷰티, 명품이나 신제품처럼 브랜드와 상품이 주는 가치, 기능 특히 고객 개개인의 기호, 성향, 호감도의 영향이 강한 상품으로 가격보다는 브랜드, 디자인, 평판, 기능 등 여러 복합적인 요인으로 사게 되는 상품을 말한다.

라이브방송에서는 주로 발견형 상품을 많이 하게 된다. 독자들도 많이 들어보신 표현이 있을 것이다. "어머! 이건 사야 해!" 안 사면 후회할 것 같은 상품들 말이다. 최근에 그러한 상품을 발굴해서 대박을 친 방송이 있다. 바로 '감자빵'이다. 전설의 감자빵 대박 탄생 스토리를 말씀드리겠다.

홈쇼핑뿐만 아니라 라이브로 상품을 판매하는 조직에는 각자 역할을 맡은 여러 파트가 협업하는데, 상품 관련 역할을 담당하는 파트가 MD(상품기획자)다. 가장 트렌디하고 잘 팔릴 만한 발견형 상품을 발굴하고, 이러한 상품을 사전에 미리 찾아서 준비해야 한다. 라이브상품은 라이브 시작하기 최소 한 달 전에는 상품 확정이 되어야 편성이나 사전 마케팅을 준비하고, 광고 쪽의 배너 디자인이 나오기 때문에 가장 먼저 움직여야 한다.

감자빵은 그러한 과정에서 나온 가장 모범적인 히트상품 사례다. 이 상품을 개발한 진○○ MD는 작년 봄에 닭갈비, 막국수 등 맛집이 많기로 소문난 춘천 소양호에 놀러갔다. 차를 타고 가는 중에 어느 가게 앞에 긴 줄이 늘어선 걸 보고 궁금하기도 하고, 상품기획자만의 촉이 발동해서 차를 세우고 그 상점에 들어갔다.

매장에 들어가 보니 이상하게 생기고 맛없게 보이는 빵을 사러 사람들이 줄을 서서 기다리고 있었다. 작심하고 한참을 줄을 서서 기다린 후 드디어 맛을 봤다. 처음 느껴보는 쫄깃쫄깃한 인절미 같은 쫀득한 식감, 빵 안에 있는 감자의 촉촉함, 부드러운 맛과 빵 하나가 주는 풍성한 양에 놀라서 이 상품을 라이브커머스로 팔면 대박을 칠 수 있겠다는 생각이 빠르게 떠올랐다. 바쁜 직장인, 학생, 주부 등을 타깃으로 팔면 빵 하나가 아침 식사 대용으로도 충분하다고 판단해서 상품기획을 결심하게 되었다.

모든 상품을 기획할 때면 마찬가지지만, 특히 이러한 종류의 상품을 기획하는 데는 여러 가지 어려움이 따른다.

첫째, 상품을 개발하고 판매하는 사장님의 허락을 받기가 정말 어렵다는 점이다. 대부분의 사장님들은 상품화에 대한 의지가 별로 없고, '이 상태로도 잘 팔고 있는데 왜 더 팔아야 하냐?'라는 기본적인 그들의 생각을 바꾸기가 쉽지 않다.

둘째, 사장님의 허락을 받더라도 대량 생산, 배송의 어려움을 어떻게 해결할 것인가라는 문제를 풀어야 한다.

셋째, 상품 마진율이다. 워낙 가격이 싼 상품이 많다 보니 라이브 제작사뿐만 아니라 제휴사 마진율을 맞추기도 어려울 때가 많다. 그래서 남는 거 없이 마이너스 마진으로 파는 상품들도 많이 있다.

하지만 이러한 어려움을 극복하고 지역 단독상품을 개발해보겠다는 일념 하나로 한번 도전해보기로 마음먹고, 담당 MD가 말 그대로 삼고초려의 자세로 감자빵 사장님의 허락을 받기까지 수많은 노력을 한 끝에 드디어 승낙을 받았다. 계약 후에는 판매방송을 진행하게 되었다.

모든 방송 스태프들은 우리가 단독으로 준비한 우리만의 상품을 완판시키고, 특히 춘천이나 가야 먹을 수 있는 인기 지역 상

감자빵 현지 라이브방송

출처 : 신세계라이브쇼핑, 네이버쇼핑라이브

품을 소비자가 집에서 바로 먹을 수 있게 하겠다는 오직 그 일념 하나로 라이브를 철저히 준비했다. 30, 40대 여성들이 자주 시청하는 메인 시간대인 화요일 오전 10시에 감자빵과 옥수수빵 두 종류를 가격은 3만 원, 3,000개 물량으로 라이브를 시작했다.

라이브 시작 10분만에 500개가 팔리더니 쭉 고객들이 계속 방송으로 들어오고 시청자는 순식간에 10만 명으로 늘어나며 방송 50분 만에 완판했다. 방송을 진행하는 쇼호스트뿐만 아니라 특히 상품을 기획한 MD는 목이 메일 정도로 감격의 환호성을 지른 것으로 기억한다.

한 번의 라이브 이후로 감자빵 사장님은 모바일 라이브 시청자의 고객 파워에 놀라고, 우리가 기획한 방송 콘텐츠의 재미와 홍보 효과에 또 한 번 놀랐다. 이후 진행되는 모든 방송은 일사천리로 착착 잘 진행하게 되었다.

사장님은 더욱 열성적으로 다음 방송을 위해 새로운 상품과 다양한 세트구성도 기획해주시고, 우리는 홍보 효과를 높이기 위해서 마케팅 예산도 올리고 다양한 프로모션 전략도 추가적으로 제안하게 되었다.

카레빵 등 다양한 맛의 빵이 추가되고 가격대도 다양화되고 혼합 구성의 세트상품 등도 차별화해서 방송이 진행될수록 매출도 더욱 잘 나오게 되었다. <u>이러한 과정이 바로 유통망과 마케팅 노하우, 콘텐츠 기획력을 가지고 있는 대기업과 소상공인의 상품력이 결합된 좋은 성공모델이라고 생각한다.</u> 더불어 대기업 입장에서도 금방 미투 상품이 나오는 경쟁상황에서 단독으로 안정적인 상품을 공급받고 고객을 더 많이 끌어 들일 수 있다는 점에서 대기업, 소상공인 둘 다 윈윈할 수 있는 좋은 사례라고 생각된다.

이후 방송에서는 또 한 번의 새로운 시도를 하게 되는데, 채팅이나 고객리뷰 같은 고객의 소리를 종합해보니 직접 감자빵 만드는 과정을 보고 싶다는 의견이 많아서 춘천 감자빵 매장에서 라이브를 하기로 결정했다.

춘천 감자빵 매장과 주변의 그림 같은 풍경, 감자빵 만드는 과정 등 다양한 볼거리의 콘텐츠로 라이브를 시작했고, 역시 반응은 뜨거웠다. 최대 시청자 20만 명의 고객이 들어와 최고의 매출을 올렸다.

상품기획자의 발품(삼고초려), 라이브 콘텐츠 기획력(춘천 현지 라이브), 차별화된 상품(현지 인기상품)의 삼박자가 만들어낸 감자빵 대박 전설의 시작이었다. 모바일 라이브커머스 상품기획의 가장 좋은 사례다.

02

홍천 소노펠리체,
숲속을 실시간 배달합니다

"요즘 코로나19로, 일로 스트레스 많이 받으시지요? 어서, 구매하세요. 지금 현재 시간, 바로 제 뒤에 있는 그림 같은 강원도 홍천의 판타스틱한 경치가 고객님의 것입니다."

지난여름 홍천에 있는 소노펠리체 현지에서 라이브 한 와이너리 투어 방송 진행자의 멘트다.

정말 그림 같은 강원도 홍천의 경치를 병풍처럼 뒤로하고, 두 명의 방송 진행자가 슬슬 노을이 지기 시작하는 해질녘 무렵부터 라이브방송을 시작했다. 이게 바로 라이브커머스 매력이자 강점이다.

만약 홈쇼핑으로 방송을 했다면 업체에서 제공해주는 영상이나 사진을 자료 화면으로 띄우고 방송했을 것이다. 라이브커머스는 직접 현지에서 주변 경치나 시설, 환경을 보여주며 실시간으로 방송할 수 있어서 고객을 더 강하게 유혹하고 끌어당길 수 있다.

소노펠리체 라이브방송

출처 : 신세계라이브쇼핑, 네이버쇼핑라이브

　이렇게 라이브커머스의 장점은 방송장소, 시간의 제약이 없다
는 점이다. 홈쇼핑 방송은 대부분 스튜디오에서 제작한다. 하지
만 라이브커머스는 스튜디오에서 제작할 때도 있지만, 현장감
있는 배경이 필요하거나 산지방송을 필요할 때는 현장에서 라
이브를 진행할 수 있다.

　또한, 라이브커머스는 최소한의 인원, 장비로 방송을 제작하
고 플랫폼 송출을 할 수 있다. 이것이 라이브커머스의 매력이자
강점이다. 당시 홍천 방송에 투입된 인력은 PD 1명, 방송 진행
자 2명, 기술 송출 카메라 인력 2명, 총 5명의 인력이 전부였다.
만약 홈쇼핑이나 일반 방송 프로그램이 현장에서 방송을 진행
했다면, 최소 20명에서 30명 정도의 스태프들이 방송제작에 뛰
어들었을 것이다.

　최근 코로나19 여파로 해외여행을 못 가는 여행 마니아들이

국내 여행에 몰리고 있어서, 다수의 홈쇼핑이나 온라인쇼핑몰에서 국내 유명 여행지의 숙박권을 팔고 있다. 이러한 숙박권을 판매할 때의 관건은 최대한 여행지 숙소의 배경 주요시설, 환경을 잘 보여주는 것이다. 여행사에서 제공하는 사진이나 영상은 고객에게 실제 느낌을 전달해주는 현장감이 떨어진다. 하지만 라이브커머스는 현장의 배경, 느낌을 실시간으로 전달할 수 있다.

당시 방송 사진 속에서 보는 것처럼 고객은 강원도 홍천의 멋진 경치를 실시간으로 보고 느낄 수 있었다. 앞으로 라이브커머스를 통한 다양한 국내 관광지의 소개와 판매가 더 활성화될 것이고, 이러한 콘텐츠를 통해 다양한 국내 여행상품이 등장할 것이다. 또한, 코로나가 점차 완화되고 해외여행이 시작되면 해외원정 라이브방송도 우후죽순처럼 생겨날 것이다. 라이브커머스가 포스트코로나 이후 여행 산업이 다시 부흥하는데 일등공신이 될 날도 머지않았다.

03

인플루언서 팬덤의
구매 파워

라이브커머스에서 팬덤의 구축은 가장 중요하다. 팬덤한테 파는 상품의 구매전환율은 압도적으로 높다. 방송을 시청하는 시청자 수 대비 구매하는 사람들의 비율이 구매전환율이다. 예를 들어 100명이 시청했는데 20명이 구매했으면 구매전환율은 20%다.

인플루언서와 팬들은 커뮤니케이션을 통해 서로를 신뢰하는 관계다. 팬들은 인플루언서가 하는 멘트, 설명을 신뢰하고 잘 받아들인다. 그래서 인플루언서 상품은 높은 구매율과 매출을 올리고 있다.

최근 많은 수의 MCN 회사들이 경쟁적으로 생기면서 많은 인플루언서들이 활발히 활동하는 이면에는 유튜브나 틱톡을 통한 광고비 수익을 확대하려는 목적도 있겠지만, 라이브커머스 영향력이 압도적으로 높다. 최근 미디어커머스 업계는 라이브커머스를 중심으로 발전하고 있다.

특히, 코로나19로 촉발된 온라인쇼핑의 폭발적인 증가는 실시간 소통을 기반으로 한 라이브커머스 중심의 플랫폼 변화를 이끌었다. 기존 전자상거래와 유통사업자들이 라이브커머스를 도입해왔으며 인스타그램, 유튜브 등 소셜미디어를 활용한 라이브커머스도 활발해지고 있다.

인플루언서는 TV홈쇼핑의 쇼호스트처럼 제품 정보를 전달하고, 홍보나 판매를 대행하는 대리인 역할을 주로 수행한다. 하지만 자신의 경험을 담은 콘텐츠를 직접 제작해서 공유하는 크리에이터의 역할을 수행하기도 한다.

브랜드와 커머스 사업자들은 인플루언서가 자신의 채널을 이용해 자사제품을 홍보하도록 요청하기도 하고, 직접 자사플랫폼이나 채널에서 활동하도록 스카웃하기도 한다. 또는 오디션을 통해 자신의 회사만을 위한 인플루언서를 독자적으로 선발하고 육성하기도 한다.

최근에 '바삭하고'라는 아직은 많이 알려지지 않은 다이어트 고구마 칩을 판매한 적이 있다. 방송 진행자로 20만 명의 인스타그램 팔로워를 가지고 있는 11AM 임여진 대표를 섭외하고 방송을 준비했다. 결론적으로 압도적인 매출을 올렸고, 무려 10%가 훨씬 넘는 구매전환율을 보였다. 일반상품 방송이 따라올 수 없는 엄청난 구매율이었다. 우리 스태프 모두는 인플루언서 팬덤의 위력을 직접 보고는 놀랄 수밖에 없었다.

이러한 인플루언서 팬덤의 위력은 크게 2가지로 요약될 수 있다. 첫 번째로 인플루언서는 방송이 잡히면 자신의 인스타그램

인플루언서 11AM 임여진 대표의 바삭하고 라이브방송

출처 : 신세계라이브쇼핑, 네이버쇼핑라이브, SSG.LIVE

을 통해 사전 라이브방송을 홍보할 수 있다. 사전에 제작한 상품
정보, 홍보영상 콘텐츠, 라이브정보를 자신이 가지고 있는 많은
팔로워에게 미리 홍보할 수 있는 것이다. 엄청난 효과다.

두 번째로 인플루언서는 팬층과 신뢰 기반의 공감대가 형성
되어 있다. 고객들은 브랜드가 제공하는 상품광고나 상품설명
서는 신뢰하지 않지만, 인플루언서의 멘트는 믿는다. 중국 왕홍
이 엄청난 매출을 올리는 배경에는 고객들이 가지고 있는 인플
루언서들에 관한 높은 신뢰가 작용하고 있다.

여기에서 라이브커머스 플랫폼사들이 주목해야 할 교훈은 2
가지다. 첫째, 자사 앱의 알림고객이 되었든, 팔로워가 되었든
고정고객층을 확보해야 한다. 고정고객이 자산이다. 또한, 고정
고객을 팬덤으로 만들어야 한다. 이를 위해 고객경험 마케팅, 즉

구매인증이나 상품 후기 등으로 지속해서 구매를 유도하고 관심을 가질 수 있도록 조치하고 노력해야 한다. 신규고객을 만드는 비용이 재구매고객을 유지하는 것보다 2배의 비용이 들어간다.

둘째, 전문 인플루언서의 육성이다. 최근에 조금이라도 인지도 있는 인플루언서를 방송 진행자로 쓰려면 최소 500만 원에서 1,000만 원 이상의 출연료 비용이 들어간다. 라이브 매출이나 예산을 감안하면 쉽지 않은 금액이다.

시청자와 공감대를 형성하고 커뮤니케이션하는 사람은 방송 진행자가 유일하다. 이를 위해 아직은 알려지지 않은 인플루언서를 오디션으로 뽑아 처음부터 양성하고 기용하는 방법도 고민해볼 필요가 있다. 잘 뽑아서 키운 인플루언서 1명이 10명의 쇼호스트보다 팬덤 구축, 관리에 더 큰 위력을 발휘할 수 있다. 익숙하지 않은 신선함이 오히려 고객들에게 어필할 수 있다.

04

진정한 스테디셀러
하남쭈꾸미

최근 라이브커머스 방송 상품 중 최대 판매고를 올리고, 판매할 때마다 완판되는 상품이 있다. 바로 하남쭈꾸미다. 한마디로 없어서 못 파는 상품이다. 라이브커머스에서만 그런 것이 아니라 다른 온라인쇼핑몰도 하남쭈꾸미 물량을 받기 위해 줄을 서고 있다.

왜 이 상품이 이렇게 인기를 끌고 있을까? 인기의 요인을 3가지 방향으로 정리해보겠다.

첫째, 일단 하남쭈꾸미는 맛이 있다. 최근 HMR(간편가정식)이나 밀키트 인기를 등에 업고 다양한 유명맛집 밀키트 상품들이 우후죽순 출시되고 있다. 하지만 원조 맛집의 맛을 살리는 데는 실패한 상품이 많다 보니 밀키트 상품 맛에 고객은 많은 기대를 안 하고, 구매도 꺼리게 된다.

하지만 하남쭈꾸미는 맛과 상품 구성이 좋다. 내용물 중 80% 이상이 쭈꾸미가 차지할 정도로 푸짐하게 들어 있고, 양념 맛도

원조의 맛을 그대로 살렸다는 평가다. 여러 번 먹어 봤지만 "정말 맛 하나는 끝내준다"라는 표현이 맞을 것 같다. "한 번도 안 먹어 본 사람은 있어도 한 번만 먹어본 사람은 없다"라는 것이 더욱 정확한 표현이다. 맛과 충실한 내용물이 첫 번째 인기 요인이다.

둘째, 지역맛집이라는 점이다. 주로 온라인쇼핑몰이나 이마트 등 대형마트에서 지역맛집 상품화를 위해 많은 시도를 했고, 히트상품도 많이 나오고 있다. 순희네빈대떡이나 홍대초마짬뽕 등이 대중적으로 인기를 끌고 있는 지역맛집 브랜드다.

이렇게 많은 유통사에서 상품화를 위해 기획하고 있는 지역맛집 브랜드의 강점은 다른 일반상품보다 고객에게 보다 친근하고 쉽게 다가설 수 있는 역할을 한다. 그냥 빈대떡을 파는 것보다 광장시장 순희네빈대떡은 뭔가 더 정감이 가고, 예전에 광장시장에 가봤던 고객들의 기억과 향수를 자극한다. 사고 싶고, 먹고 싶은 욕구가 생기게 하는 것이다. 하남쭈꾸미는 하남시 쭈꾸미촌의 맛과 분위기를 잘 살렸다. 이게 두 번째 성공요인이다.

셋째, 포장의 차별화다. 일단 하남쭈꾸미는 최근 1인 가구 트렌드에 맞게 대형포장이 아닌, 2인 이하 소포장으로 판매를 한다. 포장을 뜯으면 남길 필요가 없이 한 번에 다 먹을 수 있게 알맞게 포장이 되어 있다. 조리의 간편함 또한 장점이다. 포장을 뜯어 프라이팬에 올려놓기만 하면 된다.

또한, 이것을 주재료로 다양한 요리가 가능하다. 유튜브에서 하남쭈꾸미를 검색하면, 먹방 유튜버들의 다양한 먹방 영상을 볼 수 있다. 이 영상을 본 고객들은 입안에 침이 안 고일 수 없고 안 사먹을 수가 없게 된다.

하남쭈꾸미 다양한 레시피 야외 먹방

출처 : 신세계라이브쇼핑, 네이버쇼핑라이브

라이브커머스가 빠르게 발전하고는 있지만, 이제 한 단계 더 도약하기 위해서는 라이브커머스만의 상품개발에 진심으로 투자해야 한다. 라이브커머스가 홈쇼핑이나 온라인쇼핑몰에서 파는 유사상품만 계속 판매한다면, 고객의 선택을 지속적으로 받을 수 없다.

라이브커머스 유통모델만의 특징을 잘 살리고 보여줄 수 있는 상품개발에 투자해야 한다. 고객은 상품을 보고 구매한다. 지역명물 사과떡볶이도 구매하려면 기다려야 한다. 그러한 기다림이 있기 때문에 고객은 더 사고 싶어 한다. 고객이 안달이 나게 만들어야 한다. 귀하고 맛있으니 체험해보고 싶게 만드는 것 그리고 한번 맛을 보면 계속 먹고 싶게 만드는 것이 하남쭈꾸미의 히트 비결이다.

05

라이브커머스 상품의 생명은 스피드!

"물 들어올 때 노 저어라!"

라이브커머스 분야에 일하는 사람들이 새겨들어야 할 말이다. 라이브커머스의 장점은 시간, 장소에 영향을 받지 않는다. 애니타임Anytime, 애니웨어Anywhere가 라이브커머스를 가장 잘 표현해주는 단어라고 생각한다.

2021년에 닭 전염병이 돌아 계란값이 갑자기 올랐을 때가 있었다. 이럴 때가 기회다. 아침 회의에서 최대한 빨리 계란 판매 라이브를 준비하기로 결정하고, 다양한 계란 협력회사를 수소문하기 시작했다. 깨지기 쉬운 계란 특성상 에어포장 방법까지 세심히 체크해 상품기획자가 다수의 계란 협력업체와 미팅을 진행했다.

여러 업체들 중 한 협력회사 대표님이 우리의 제안에 선뜻 동의해 최대한 물량을 준비해주기로 하고 협의를 완료했다. 라이브커머스에는 시간을 두고 세심하게 준비해야 하는 상품이 있는 반면에 이와 같이 라이브 일정을 빨리 잡고 방송만 하면 팔리는 상품이 있다.

　이런 상품 종류의 라이브는 사전광고를 통해 많은 사람들이 라이브 진행 날짜를 미리 알 수 있도록 마케팅, 홍보를 잘하는 것이 관건이다. 다양한 커뮤니티 앱이나 모바일 플랫폼을 통해 계란 파격가 행사 일자를 알리고, 상품 홍보를 사전에 미리 하는 것이다.

　"무항생제 계란 두 판이 17,900원."

　그때 사용했던 광고 문구다. 이 카피 문구 자체가 마케팅이다. 이 카피를 본 고객들은 생각한다.

　'아! 요즘처럼 계란값이 오르는 시기에 이 가격에 라방을 한다니 무조건 사야겠네!'

　이렇게 이슈가 되는 상품의 가격은 뽐뿌 같은 다양한 커뮤니티 앱이나 입소문을 통해 빠르게 전파된다. 40, 50대 주부 한 사람의 마케팅 효과는 최소 10, 20대 열 사람 효과 이상이라는 것이 나의 평소 생각이다. 그래서 이러한 상품의 라이브는

무항생제 계란 판매방송

출처 : 신세계라이브쇼핑, 네이버쇼핑라이브

평소 다른 상품보다 더 높은 판매 효과를 올릴 수 있는 것이다.

예상한 대로 정말 많은 시청자들이 방송에 몰려와 높은 매출을 올렸다. 계란값 파동 때가 아니라면 계란 판매방송은 할 필요도 없고, 하지도 않을 것이다. 다양한 온라인, 오프라인 매장에서 쉽게 가격 비교로 구매할 수 있는 계란은 아무리 싸도 거의 매출이 일어나지 않는다. 휴지나 라면처럼 떨어지면 사야 하는 생필품은 라이브커머스에 적합하지 않다.

하지만 이렇게 특이한 상황이 발생하는 경우가 있다. 이럴 땐 만사 제쳐두고 이러한 상품을 빨리 준비하고 라이브방송을 기획해야 한다. 라이브커머스의 장점은 기동력과 순발력이다. 라이브커머스는 원하는 시간대, 원하는 장소 어느 곳에서나 방송할 수 있다.

또 다른 상품으로는 마스크를 예로 들 수 있다. 지금에야 마스크 공급에 큰 이상이 없어서 문제가 없지만, 코로나19 초기에 구하기 어려울 때는 하루 다섯 번을 방송해도 다 팔렸다. 그만큼 수요가 많기 때문이다.

라이브커머스의 PD와 상품기획자는 항상 트렌드, 유행, 이슈에 민감하게 반응하고 준비해야 한다. 캠핑용품이 잘 팔리는 가을에는 잘나가는 캠핑용품을 항상 미리 찾아보고 시장 조사를 해야 한다. 환경 이슈가 있을 땐 친환경 상품을 찾아 나서야 한다.

라이브커머스는 스피드가 생명이다. 먼저 가져와서 먼저 팔아야 한다. 라이브커머스뿐만 아니라 온라인쇼핑몰에서 일하는 분들이 항상 되새겨야 하는 중요한 말이다.

06
청담동 헤어명품숍도 라이브합니다

　라이브커머스에서는 "안 보이는 상품을 팔아야 돈이 보인다"
라는 말을 실감하게 된다. 안 보이는 상품이 뭐지? 궁금해하는
분들이 많을 듯하다. 홈쇼핑 분야에 일하시는 분들은 이런 종류
의 상품을 무형상품이라고 한다.

　패션, 뷰티, 식품 등 모든 상품은 형태가 있는 유형상품인 데
반해 여행상품, 보험, 상조상품, 공연티켓처럼 일정 형태가 없는
상품을 무형상품이라고 한다.

　앞으로 라이브커머스에서 폭발적으로 성장이 예상되는 장르
가 바로 이러한 무형상품 분야다. 지금도 라이브커머스 상품기
획자가 가장 공을 들이고, 발품을 많이 파는 장르도 바로 이 무
형상품 분야다.

　작년에 업계 최초로 기획해 방송한 상품이 청담동 헤어숍 이
용권이다. 대부분의 여성들은 단골로 가는 자신만의 헤어숍이
있어 다른 헤어숍 선택을 망설일지 모른다는 우려도 있었다. 그

러나 명품 헤어숍 유행의 메카 청담동 헤어숍을 소개하고 다양한 헤어상품을 파격적인 가격에 선보이고자 라이브를 기획했다.

청담동 헤어숍은 각종 영화나 예능, 드라마, 쇼 프로그램에 출연 중인 연예인 셀럽 등을 담당해온 실력 있는 디자이너들뿐만 아니라 미용실 소속 연예인들을 출연시킬 수 있는 장점이 있다. 다행스럽게 라이브방송 당일 방송인 정가은 씨와 성동일 씨 헤어 스케줄이 잡혀 있어서 섭외가 되었다. 정가은 씨는 당사 전문 쇼호스트와 방송도 같이 진행하기로 했다.

상품 구성 및 가격대는 다양하게 준비했다. 모든 상품 구성은 정가 대비 65% 이상 할인가가 적용되었다. 뿌리염색+헤어컷+모발클리닉은 13만 5,000원, 열펌+컷+클리닉 17만 9,000원, 남성 펌 이용권과 롯드 다운펌 헤어컷 9만 9,000원으로 차별화한 세트상품을 파격가로 기획했다.

방송 당일 청담동 헤어숍 고객들에게 사전 양해를 구하고, 미용실 구석 한쪽을 방송 진행 무대로 조명, 카메라, 송출 기술장비 세팅 및 리허설을 준비했다. 모든 스태프들이 처음 시도하는 미용실 현장 방송이어서 다소 긴장 속에 만반의 준비를 했다.

라이브가 시작되고 정가은 씨가 멘트를 시작하자마자 평소 다른 방송과는 다르게 갑자기 시청자가 폭증하기 시작했다. 성동일 씨가 출연한 5분 후에는 이미 벌써 만 명의 시청자가 라이브 방송에 들어와 있었다. 미용실 관계자분들을 비롯해 모든 스태프들이 깜짝 놀랐고, 방송 진행자들은 엄청난 댓글과 채팅에 신나 하는 모습이었다.

베테랑 원장이 쉽고 재미있게 헤어컷, 펌을 보여주고, 헤어스타일에 맞는 미용 화장법도 동시에 알려주었다. 단골 미용실 연예인들의 재미있는 비하인드 스토리는 라이브방송의 재미를 한층 더 끌어올려 주었다.

한 시간의 라이브방송이 끝나고 최종 시청고객은 2만 명이 넘었으나 매출은 당초 우리의 기대에는 살짝 못 미쳐 다소 아쉬움을 남겼다. 많은 고객이 시청했는데도 왜 판매 수량은 다소 미흡했을까?

원인은 다소 높은 상품 가격대였다. 우리가 판매한 가격이 청담동 헤어숍의 평균 이용료 대비 싼 가격이었지만, 10만 원이 넘는 판매가격은 고객이 한 번의 결정으로 사기에는 다소 비싼 가격으로 느껴졌다. 개인적인 호불호, 선호도가 있는 전문 미용숍은 아직은 대중적인 라이브를 하기에는 적합하지 않다는 생각을 갖게 되었다.

하지만 이 방송을 계기로 우리 스태프들은 라이브커머스 본질인 언제라도 어느 장소에서 무슨 상품이든 라이브 할 수 있다는 자신감이 생겼다. 이러한 다양한 시도가 라이브커머스의 대박, 스타상품을 발굴할 수 있는 가능성을 더욱 크게 만든다. 첫 청담동 헤어숍 이용권 라이브방송은 우리 팀에게 큰 경험과 교훈을 선사한 고마운 상품이다.

07

역발상이 먹힌 히트상품, 레깅스

역발상이 먹혀서 잘 팔렸던 상품이 있다. 바로 레깅스다. 레깅스는 요즘 젊은 여성들에게 국민 트레이닝복이자 외출복으로 자리 잡은 패션 아이템이다.

○○이라는 패션 브랜드에서 레깅스 신상품 라이브 문의가 왔다. 라이브 상품이 확정되면 방송을 준비하는 기획 단계에서 라이브 콘텐츠를 기획하는 PD, 상품기획자, 협력회사 관계자가 모여 어떤 방향으로 라이브방송을 기획할지 회의를 진행하게 된다.

제품을 본 PD 및 상품기획자는 판매 가격 대비 촉감이나 질감 등이 굉장히 우수하고, 가성비가 뛰어난 상품이라는 데 주목하고 협력회사 관계자들에게 새로운 제안을 했다. 특정 고객을 타깃으로 하기보다는 연령대 제한 없이 모든 여성을 타깃으로 하고, 몸매가 마른 여성들이 아니라 건강미 있는 튼튼한 여성들을 타깃으로 하자고 말이다 담당 PD는 레깅스에 어울리는 속칭 잘 빠진 모델들이 아니라 건강미, 육체미가 있는 대학 댄스 동아리 팀을 섭외했다. 짜여진 콘티 없이 이들에게 라이브가 시작하면 레깅스를 입고 춤을 추기로 방송 콘텐츠를 구성했다.

조명도 1990년대 디스코 나이트가 연상되는 형형색색 조명으로 준비하고 라이브를 시작했다. 방송제작을 책임지고 총괄하는 팀장인 필자로서는 오히려 평범하고 무난한 것이 좋아 보일 때가 있다. 당연히 레깅스는 날씬한 몸매의 여성분들이 입고 나오는 게 잘 팔리지 않을까 생각하는 것이 당연하다. 하지만 건강미가 있는 여성이 레깅스를 입고 나온다고 하니 다소 걱정도 되었던 것이 사실이다.

하지만, 방송이 시작되고 오히려 깜짝 놀랐다. 아직 대중적이지 않은 이런 종류의 패션 아이템들, 특히 신상품 같은 경우에는 방송 시작 후 많은 시청자들이 몰리지 않는다. 아무리 가격이 싸

○○레깅스 라이브방송

출처 : 신세계라이브쇼핑, 네이버쇼핑라이브

도 말이다. 하지만 ○○레깅스는 시작하자마자 시청자들이 급속히 늘어나더니 금방 목표치를 훨씬 뛰어넘어 2만 명에 육박하고 매출도 기대 이상인 3,000만 원의 매출을 올렸다. 댓글도 환호 그 자체였다. "자신감 있어 보여요. 너무 멋있어요. 잘 어울려요." 등등 많은 채팅 글들이 올라왔다.

아마 몸매가 마른 모델을 썼다면 이와 같은 시청자 수와 매출은 못 올렸을 거라고 생각된다. 고객들은 오히려 당연한 것에는 흥미, 재미를 못 느끼고 관심을 안 가진다는 생각이 들 정도였다. 건강미가 있고 튼튼해 보이는 댄스 동아리의 학생들을 레깅스 모델로 섭외한 것이 주효했다는 생각이다.

그때부터 상품이나 방송에 관해 우리 스태프들의 고정 관념을 깨려는 시도를 많이 하게 되었고, 오히려 좋은 결과가 많이 나왔다.

요즘 MZ세대뿐만 아니라 40, 50대 패션리더는 주변의 눈치를 보거나 주변의 시선에 영향을 받는 세대가 아니라, 자기만의 주장이 강하고 자기만의 개성과 멋을 찾을 줄 아는 세대라고 생각한다. 날씬하지 않은 사람도 얼마든지 레깅스를 입을 수 있고, 그러한 콘셉트로 방송을 한 것이 성공요인이었다. 자유로운 생각, 역발상이 먹히는 세상이다.

진짜 전문가가 알려주는 **대한민국 모바일 라이브커머스**

08

MCM 방구석 패션쇼 _
MD이벤트도 잘해야!

　코로나19가 엄청난 기세로 유행하기 시작할 때 백화점이나 면세점에 고객의 발길이 끊기면서 가장 큰 타격을 받은 분야가 패션업계일 것이다. 오프라인 판매에만 집중하던 패션회사들이 코로나19로 인해 온라인 판매도 주목하기 시작했고, 이제는 온라인, 모바일 판매는 핵심 판매 채널로 자리 잡고 있다.

　지금은 명품을 포함한 다양한 패션브랜드들이 온라인 판매를 확대하고 있지만, 코로나19 이전만 해도 하늘을 찌르는 높은 자존심으로 명품 뷰티, 패션회사들은 온라인 판매는 거들떠 보지도 않았다. 이러한 명품 패션 브랜드들은 홈쇼핑이나 온라인 등의 채널에 자신들의 상품을 판매하는 것 자체가 브랜드 품격을 떨어뜨린다고 생각했다.

　하지만 코로나19로 인한 매출격감은 몇몇 명품 브랜드들이 라이브커머스에 관심을 갖게 되는 계기가 되었다. 최소한의 브랜드 품격을 떨어뜨리지 않는 조건에서 라이브커머스를 검토하

MCM 패션쇼 라이브방송

출처 : 신세계라이브쇼핑, 네이버쇼핑라이브

기 시작했다.

우리 쇼핑라이브팀에게도 명품브랜드 MCM에서 제안이 왔다. 자신들의 브랜드 명성에 걸맞는 라이브방송을 준비해달라는 상품은 핸드백, 가방과 의류였다.

홈쇼핑 방송 같지 않게 트렌디하고 젊게 보여야 하는 미션이 있어서 메인 출연자를 모델 송해나로 하고, 방송콘셉트도 MCM에서 제안하는 많은 상품을 다 보여주기 위해 MCM 본사 매장에서 방구석 1열 패션쇼 형태로 기획했다.

플랫폼 제휴사인 네이버쇼핑라이브 측에서도 명품 브랜드 라이브커머스 첫 패션쇼라는 단독, 차별성, 위상에 맞게 디지털 배너 광고 등 많은 지원을 아끼지 않았다.

라이브방송이 시작하고, 모델 송해나의 오프닝멘트에 이어서 패션쇼 상품 소개가 시작되자 시청자들의 반응은 정말 뜨거웠다. 불과 1, 2년 전만 해도 시청자 1만 명이 넘는 방송이 많지가 않았다. 방송이 시작한 지 얼마 되지도 않아 금방 시청자가 1만 명이 넘고 채팅, 댓글 반응 또한 한마디로 난리가 났다.

"코로나로 답답했는데 이렇게 재미있는 패션쇼를 스마트폰으로 보는 것이 너무 재미있다"라는 내용 등 많은 채팅 글들이 올라왔다. 이날 진행된 모바일 라이브 패션쇼는 빠르게 업계에 회자되면서 다양한 패션, 뷰티 업체들이 라이브커머스에 뛰어들게 하는 계기가 되었다.

이렇게 모바일 라이브커머스를 통해 패션브랜드가 고객과 다이렉트로 만날 수 있는 장점 말고, 패션업계가 라이브커머스를 통해 얻을 수 있는 이익은 또 있다. 패션업체가 백화점이나 면세점처럼 오프라인 매장에 입점하게 되면 보통 30% 정도의 높은 수수료를 지급하게 되는데, 이렇게 라이브커머스를 통해 네이버나 홈쇼핑사 플랫폼에 입점하고 라이브방송을 하면, 보다 낮은 수수료를 지급하게 되어 더 많은 이익을 확보할 수 있다.

최근에는 일부 패션회사들이 자체 모바일 앱 플랫폼을 직접 구축하고, 자체 스튜디오와 스태프를 갖추고 라이브방송을 진행하고 있으며, 만족할 만한 수준의 매출과 이익을 내고 있다고 한다. 라이브커머스가 패션회사들의 판매 프로세스를 혁신하게 만든 일등공신이 된 것이다.

09
라이브커머스는 라이브시간과 시즌 타이밍이 중요하다

홈쇼핑 방송을 즐겨 보는 분들은 알고 계실 수도 있겠지만, 홈쇼핑 방송사들이 상품과 콘텐츠에 심혈을 기울이며, 가장 많은 공을 들이는 방송 시간대가 있다. 바로 저녁 10시부터 11시까지다. 이 시간은 바로 주부들이 가장 즐겨 보는 드라마가 끝나는 시간대다.

홈쇼핑 핵심 고객들은 40, 50대 여성들이다. 이 고객들이 보통 9시나 10시 드라마를 시청하다 방송이 끝나면 재핑효과^{Zapping} ^{Effect}, 즉 리모컨 채널을 여기저기 이동하다 홈쇼핑 방송채널을 보게 된다. 호기심에 끌려 충동구매를 하게 되는 것이다. 그래서 SBS 6번, KBS 7번이나 9번, MBC 11번, 이 번호 사이사이에 홈쇼핑 채널이 위치해 고객의 선택을 기다린다.

한마디로 채널 타이밍의 과학이다. 아침 시간 프라임 타임은 10시, 11시다. 자녀들이 등교하고, 남편이 출근한 후, 바쁜 오전 일과를 마치고, 여유롭게 여가를 즐기거나 아침 드라마가 끝나는 시간대가 바로 오전 10시, 11시다. 하루 24시간 시간대별 홈쇼핑 고객 방문, 구매 빈도율을 보면 아침, 저녁 이 시간대에 고객 방문이 급증하는 현상이 두드러지게 나타난다.

라이브커머스에서도 저녁 9시, 10시와 아침 11시는 시청자가 많이 들어오는 프라임 시간대로 홈쇼핑 프라임 타임과 비슷하다. 라이브커머스에서 추가로 공을 들이는 시간대는 정오와 오후 1시, 오후 7시다. 라이브커머스를 즐겨 시청하는 고객들이 홈쇼핑보다는 젊은 20, 30대가 많다 보니 직장인 점심 시간대와 겹치는 12시나 1시 라이브에도 많은 시청자들이 들어온다. 따라서 그 시간대의 상품과 콘텐츠에 신경을 쓰고 있다. 직장인들의 퇴근 시간인 저녁 7시도 프라임 시간대로 자리 잡고 있다. 지하철에서 퇴근하는 대부분의 직장인은 스마트폰에 눈길을 준다. 이러한 고객들을 끌어들이는 것이다.

이렇게 라이브커머스 방송 시간대는 시청자 방문, 구매빈도 분석을 통한 과학이다. 추가로 방송 시간 외에 상품의 시즌타이밍과 관련해 알아둘 몇 가지 사례를 말씀드리겠다.

라이브커머스는 충동구매형 쇼핑이고, 판매는 타이밍이다. 예를 들어 당연하게도 크리스마스트리나 용품은 12월이 아닌 11월 초에 팔아야 한다. 특히 시즌 상품은 날씨, 온도에도 영향을 많이 받는다. 추워야 온수매트와 전기난로가 잘 팔린다. PD뿐만 아니라, 상품기획자는 일기예보를 미리 잘 확인했다가 추위가 몰려오면 방송스케줄을 바로 잡고 라이브를 진행해야 한다.

홈쇼핑은 바로 라이브를 준비하기가 쉽지 않지만, 라이브커머스는 가능하다. 라이브커머스는 기동력과 순발력을 갖추고 있다. 상품과 방송콘텐츠를 준비하고 있다가 추운 날 바로 전기난로, 온수매트를 팔아야 대박을 칠 수 있다. 라이브커머스에서는 날씨, 온도가 가장 좋은 마케팅 수단이다. PD와 상품기획자는 일기예보 온도를 항상 예의 주시 하고, 상품 방송 준비에 만전을 기하고 있어야 한다.

몇 년 전 본격적인 여름 시즌이 시작하기도 전인 6월에 불볕더위가 갑자기 기승을 부렸다. 이때 에어컨이 대박이 났다. 8월이었으면 이렇게 안 팔렸을 것이다. 이때 6월에는 에어컨이 없어서 못 팔 정도였다. 모든 홈쇼핑 방송사들이 채널만 돌리면 말 그대로 에어컨만 팔고 있었다.

신선과일은 항상 시즌 최적기보다 한 템포 빨리 팔아야 효과를 볼 수 있다. 어느 온라인쇼핑몰보다도 빨리 상품을 준비하고 팔아야 한다. 햇사과, 햇감, 포도, 노지감귤 등 시즌별로 이슈가 되는 신선과일들은 남보다 물량확보를 먼저 해서 방송하는 것이 좋다. 시즌 물량을 빨리 준비해 방송 편성 최적기를 잡는 것이 중요하다.

이렇게 잘 나가는 시즌 상품은 방송 편성 수에 제한을 두지 말고 매일 방송해도 좋다. 물 들어올 때, 노 젓는다는 말이 가장 잘 어울리는 곳이 라이브커머스다. 코로나19, 황사 확대 시 마스크나, 가을 캠핑시즌 캠핑용품, 시즌 전자제품은 방송 편성을 많이 잡아서라도 시즌 적기에 매출을 최대한 끌어모으는 방법이 좋다.

수입과일 애플망고는 겨울철이 제철이다. 신비복숭아처럼 딱 2주 동안에만 먹을 수 있는 신선식품들은 누가 빨리 더 좋은 조건으로 제안할 수 있는지가 중요하다.

라이브커머스에서는 시간이든, 시즌이든 타이밍이 매출이다. 라이브커머스는 발견형, 즉 충동형 쇼핑이다. 고객들을 유혹하려면 시간, 시즌 타이밍이 무엇보다도 중요하다.

10

잘 팔리는
라이브커머스 상품의 비밀

"야구 잘 몰라요."

이미 고인이 되었지만 구수한 말투와 옆집 아저씨 같은 해설로 큰 인기를 끌었던 하일성 씨가 했던 명언이다. 9회 말 야구가 끝날 때까지 결과는 모른다는 말인데, 라이브커머스를 하면서 이 말을 실감할 때가 많이 있다.

정말 매출이 잘 나올 것 같아서 심혈을 기울였던 상품의 매출이 1,000만 원도 못 올릴 때가 있고, 생각지도 않은 상품이 5,000만 원, 1억 원이 넘게 팔릴 때가 있다. 그때 느꼈던 감정이 딱 "라이브커머스 상품 잘 몰라요"다.

이런 일이 생길 때마다 왜 그런 결과가 나왔는지, 이런 잘못된 예측과 다른 결과에 대한 리스크를 어떻게 최소화할지 고민을 하게 된다. 다양한 경험과 노하우가 축적되면서 나름대로 최선의 방법을 찾게 되었다.

라이브커머스는 발견형 쇼핑에 가깝다. 한마디로 미리 살려고 마음을 먹은 상품들이 아니라, 상품을 보게 되면 충동적으로 구매하려는 마음이 생기고, 안 사고는 못 배기는 충동구매형 상품들이 많다. 이러한 상품들이 갖춰야 할 기본적인 특징이 있다.

첫 번째로 일단 싸야 한다. 고객이 기본적으로 생각하는 가격대보다 훨씬 싸야, 눈길을 끌 수 있다. 구매 타깃이 넓은 일반적인 상품, 특히 누구나 믿고 살 만한 브랜드 상품을 타임세일, 즉 한시적 최저가로 팔 때 가장 잘 팔린다. 특히, 젊은 고객층일수록 방송 중에도 네이버의 가격 비교 같은 사이트에 들어가 가격 비교 후 사는 경우가 많기 때문에 관심을 끌고 구매를 유도하려면 일단 가격대를 싸게 가야 한다.

이 글을 읽는 독자분 중에 싸게 팔면 어느 쇼핑몰에서나 다 잘 팔리는 거 아니냐고 반문하는 고객도 있을 것 같다. 라이브의 장점은 이렇게 싼 가격으로 많은 물량을 준비하면, 거의 팔리거나 한 번에 다 완판시킬 수 있는 임팩트 있는 라이브만의 강점이 있다. 예를 들어 '5월 15일 목요일 저녁 8시 라이브, ○○스포츠웨어 파격가 9,900원 19,000원, 29,000원에 1억 원 물량 준비'처럼 대대적인 사전 홍보와 광고로 한 번에 20~30만 명의 시청자를 끌어모으며 완판시킬 수 있는 것이다. 일반 쇼핑몰에서 팔면 아무리 가격이 싸도 이렇게 임팩트 있게 고객을 한 번에 끌어모아 완판시킬 수 없다.

싼 가격대의 장점은 또 있다. 왜 가격을 2~3만 원대로 정했을까? 고객 입장에서 구매할 때도 부담이 덜 하지만, 구매 후 마음에 들지 않아도, 부담이 없고 불만이 없는 가격대이기 때문이다.

실제로, 저가의 가격대 상품들이 제품을 써보거나 주변에 후기를 들어봐도 상대적으로 만족하는 경우가 많다.

두 번째로 고객이 사고는 싶은데 오프라인 구매처를 잘 모르거나 시장에 물량이 없어 파는 곳이 제한적일 때는 협력업체와 마진을 조정해서라도 최대한 물량을 당겨서 가져와 팔면 많은 고객을 끌어들이고 대박을 칠 수 있다. 이러한 상품들은 스피드, 즉 빠른 물량확보가 관건으로 라이브 시작하는 순간 팔리게 된다.

이런 종류의 상품은 트렌드와 시기에 따라 빠르게 바뀌지만 예를 들면, 닌텐도 게임기, LG 스탠바이미, 스탠리 캠핑용품, 파세코 난로, 하남쭈꾸미, 다양한 명품 브랜드, 병행수입, 면세점 재고 상품군 등으로, 일단 이러한 상품은 사전광고로 이슈화시킬 수 있다. 라이브방송 시간 중에도 뽐뿌Ppomppu 같은 다양한 앱이나 커뮤니티 공유 사이트를 통해 고객들 간에 판매 입소문이 급속히 퍼져 나가기 때문에 대박의 확률이 높은 상품군이다.

세 번째로 식품 쪽에 주로 많은데, 특히 1인 가구 구성이나 2만 원 이하 충동구매 상품들이 잘 팔린다. 마트나 슈퍼마켓은 1인 상품보다는 3~4인 가족 단위의 상품들이 주로 많이 있다. 그래서 1인 가구 고객들은 구매를 꺼릴 때가 많다. 1인 소포장에 가격대도 2만 원 이하로 하면, 고객들이 가장 구매하기 쉽고 잘 팔리는 가격대여서 대박을 치는 경우가 많다. 특히 식품 중에 고구마, 오렌지, 망고, 신비복숭아, 노지감귤 등 시즌 이슈형

식품들이 잘 팔려 가격조건만 잘 구성한다면 완판의 확률을 높일 수 있다.

네 번째로 팬덤을 가지고 있는 단독 상품이다. 뷰티, 건강식품, 가공식품 쪽에 많이 있는데, 이러한 상품들의 특징은 구매전환율이 높다는 데 있다. 아무래도 인플루언서나 셀럽의 팬덤은 서로 간의 공감과 신뢰가 있기 때문에 소개하는 상품을 믿고 산다. 또한 인플루언서는 인스타그램 같은 자신만의 채널도 가지고 있기 때문에 팬과 팔로워 대상으로 사전에 라이브 홍보가 가능하다. 얼마 전 라이브한 '바삭하고' 임여진 인플루언서 같은 경우 50만 명의 구독층을 가지고 있는데, 라이브를 시청한 고객이 10만 명이고 그중 20% 이상이 구매를 했다. 엄청나게 높은 구매전환율이다. 이것이 팬덤의 파워다.

다섯 번째로 트렌디한 단독 한정판매 상품이다. 신상품이나 판매를 시작한 지 얼마 되지 않은 상품이나 구매처를 알기 어렵고, 구매하기도 쉽지 않은 상품군이다. 최근 진로이즈백, 곰표, 백양, 제일제면소 등 예전의 아날로그 향수를 자극하는 복고풍 브랜드들이 많이 출시되고 있는데, 주로 이와 같은 콜라보레이션한 상품들이 많이 있다.

하지만 싸도 잘 안 팔리는 상품들은 유사 브랜드 상품 예를 들면, 아류 브랜드 특히 완판을 거듭했던 브랜드들의 미투 상품은 성공하기가 쉽지 않다. 고객들의 빠른 판단과 신뢰를 얻기가 어렵기 때문이다. 그래서 신상품은 라이브커머스에서 성공한 사례가 그렇게 많지 않다. 이 외에도 휴지 같은 일상용품, 가공식품 등 어차피 가격 비교로 온라인쇼핑몰에서 싸게 살 수 있는 상품들은 모바일 라이브에서는 잘 안 팔린다.

고객들은 새로운 상품이 아니라 익숙한 상품을 원한다. 쇼핑 라이브는 충동구매가 많기 때문에 고객들이 일반적으로 잘 아는 상품과 브랜드 제품들의 매출이 좋다. 고객이 잘 모르는 상품을 라이브 하는 짧은 시간 동안 잘 설명하고, 고객을 설득해서 파는 것은 매우 힘들다.

그래서 브랜드 제품, 이슈가 되는 신제품, 콜라보 브랜드, 시즌

라이브커머스 상품기획

라이브커머스 3초의 법칙이 있다. 3초 안에 방송을 보는 고객에게 그 상품을 살 만한 이유를 보여줘야 한다. 라이브커머스 분야에 일하시는 분들은 항상 고객은 인내심이 많지 않고, 의구심이 많다는 생각을 가지고 방송 콘텐츠와 상품을 준비해야 한다. 3초 안에 고객의 눈길을 잡으려면 3가지 중요 포인트가 있다.

첫째, 고객이 원하고 사고 싶었던 상품인가?
둘째, 믿을 만한 상품인가?
셋째, 지금 바로 살 만한 조건인가?

상품기획자가 이 질문에 스스로 답을 할 수 있다면, 고객에게 그 상품에 대한 확신을 심어줄 수 있어서 상품 판매에 성공할 수 있고 높은 매출이 보장될 것이다. 항상 상품을 기획하고 라이브 하기 전에 먼저 이 3가지 질문에 명쾌한 답을 가지고 준비하자.

진짜 전문가가 알려주는 **대한민국 모바일 라이브커머스**

타이밍에 익숙한 상품, 누구나 아는 제철 신선식품, 유명맛집 상품 등 고객들이 어느 정도 아는 상품을 방송해야 한다.

지금까지 여러 사례를 말씀드렸지만 대박상품에 대한 정답은 없다. 항상 라이브커머스 상품기획자나 PD는 상품기획 초기 단계부터 상품, 트렌드 분석 및 고객상품 리뷰, 호응도 분석을 통해 상품을 선정하고, 판매 후 평가하는 프로세스를 구축해야 한다. 이러한 노력들이 그 방송의 성공 확률을 높이고, 판매 리스크를 최소화할 수 있다는 것을 명심해야 한다.

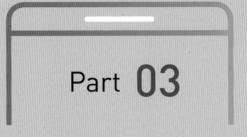

Part 03

한 번에 팔리는
라이브방송 제작하기

01

라이브커머스
8가지 유혹의 기술

라이브커머스 방송을 통해 많은 시청자들을 끌어모으고 상품을 잘 설명하며 물건을 팔기는 결코 쉽지 않다. 그러나 고객이 일단 방송을 보게만 한다면 효과적인 유혹의 기술로 구매 확률을 높일 수는 있다. 홈쇼핑 PD와 라이브커머스 PD를 하며 실전에서 경험했던 가장 효과적인 고객 유혹의 기술 8가지 방법을 소개해드리겠다.

1. 위협요소를 강조해 고객의 관심을 끌어라

설득할 때 가장 많이 사용하는 방법 중에 하나가 객관적인 증거자료로 고객이 위협받는다고 느끼게 하는 것이다. 고객들은 어느 정도 강한 위협의식을 느끼면 방송에 좀 더 집중할 수 있다. 홈쇼핑에서 암보험 방송을 시작할 때 보통 암에 많이 걸린다는 신문기사를 활용한다. 그럼 평소 암에 관해 불안감을 가지고 있던 고객들은 좀 더 집중할 수밖에 없다. 신문기사 내용이 강하고 위협적일수록 효과적이다. 하지만 너무 극단적인 위협 요소는 고객에게 불쾌감을 줄 수도 있다는 점은 명심해야 한다. 적당한 위협요소로 주의를 환기하는 정도로만 사용해야 한다.

기능성 화장품이나 건강식품 같은 경우에는 이런 위협요소가 많이 활용될 수 있다. 자신의 피부가 급격히 안 좋아질 수 있다는 불안감이 있어야 이 불안을 해결해줄 수 있는 기능에 관심을 갖는 것이다. 현미경을 통해 피부 트러블을 확대해서 보여주는 것은 효과적인 위협요소가 된다. 문제를 확실하게 보여줘야 해결하고 싶은 욕망이 생기고, 이 욕망을 통해 구매행동을 하게 된다.

건강기능식품 방송은 위협요소를 강조하기 위해 전문가인 의사 인터뷰를 많이 사용한다. 의사의 지식과 권위를 활용해서 위협요소를 부각시키고, 객관적인 임상실험 자료를 통해서 기능을 설명한다.

라이브커머스 방송에서 쉽게 사용할 수 있는 위협 소구는 출연자의 실제 어려웠던 경험담이다. 객관성에는 문제가 될 수 있지만, 라이브커머스 특성상 더욱 공감을 살 수 있다. 출연자 경험담의 실제 사진이나 영상이 있다면 더욱 효과적일 것이다. 다만 출연자의 경험담은 반드시 진실성에 기반해야 한다.

2. 상품의 사용 전후를 비교해서 보여줘라

홈쇼핑 방송에서 가장 많이 보는 영상이 비포애프터 Before & After 영상일 것이다. 상품의 사용 전 영상과 사용 후 영상을 극명하게 비교해서 보여주는 영상이 비포애프터 영상이다. 이는 홈쇼핑 방송연출 중 가장 효율이 검증된 방법이기도 하다.

고객이 방송을 보는 시간은 생각보다 짧다. 짧은 시간에 고객에게 상품 기능을 확실하게 각인시킬 방법이 바로 비포애프터다. 사용 전후가 극명하게 대비될수록 효과적이다. 그리고 사전 녹화영상보다는 라이브 중에 보여주는 것이 더 효과적이다.

비포애프터 영상이 중요한 상품 중 하나가 파운데이션 화장품이다. 파운데이션으로 피부가 확실히 커버되는 모습을 잘 보여준다면 구매율이 높아질 것이다. 여기서 효과를 높이기 위해서는 비포 장면을 최대한 나쁜 상태로 만드는 것이 노하우다. 그래서 홍조가 있거나 피부 트러블이 있는 출연자를 섭외해서 제품 비포 사전시연을 한다.

비포애프터 영상은 제품의 기능을 직관적으로 잘 보여주기 위해서 사용하는 판매 연출 방법이다. 절대 조작해서 고객에게 사기를 치는 수단이 아니다. 제품의 좋은 기능을 고객들에게 직관적으로 쉽게 잘 전달하는 방법으로 활용해야 한다.

비포애프터 영상을 만드는 노하우는 업체마다 비밀로 유지하기도 한다. 이런 노하우는 많은 테스트와 연구를 통해 만들 수 있다. 고객에게 제품의 기능을 확실히 보여주고 싶다면, 상품의 사용 전후의 모습을 영상 비교를 통해 보여줘라.

3. 핵심 셀링포인트는 3가지로 정리해라

라이브커머스 방송 전 상품미팅 때 업체 담당자들은 상품의 수십 가지 장점들을 이야기한다. 회의 때는 참석자들이 집중해서 듣기 때문에 수십 가지 장점을 이해할 수 있겠지만, 방송 중

고객들에게 이렇게 이야기하면 단 1개도 기억하기가 쉽지 않다. 라이브커머스 PD는 상품의 여러 가지 셀링포인트 중에서 핵심 셀링포인트 3개를 골라내야 한다. 이것을 잘 골라낼 수 있는 PD가 유능한 라이브커머스 PD다.

고객이 구매를 위해서 시청하는 시간은 매우 짧다. 이 짧은 시간에 고객이 구매 결정을 할 수 있도록 결정적인 셀링포인트를 전달해야 한다. 평균적으로 고객들은 3개 이상의 셀링포인트를 기억하지 못한다. 많은 장점을 이야기하기보다는 1개라도 구매 결정을 위한 확실한 셀링포인트를 전달해야 한다.

라이브커머스 방송을 하다 보면 PD가 처음에 생각했던 핵심 셀링포인트가 바뀔 수도 있다. 고객들은 채팅창으로 구매를 위해 궁금한 질문을 한다. 비슷한 질문들이 많이 올라오면 그 부분을 핵심 셀링포인트로 다시 이야기해줘야 한다. 상품설명은 결국 고객이 구매를 위한 궁금증을 해결해주는 것이기 때문이다.

4. 백문이 불여일견(百聞不如一見)! 그림으로 보여줘라

백 번 듣는 것보다 한 번 실제로 보는 것이 낫다. 최근 바다거북의 코에 박혀 있는 빨대 사진 한 장이 카페에서 일회용 빨대들을 사라지게 만들었다. 이것이 이미지, 사진의 힘이다. 라이브커머스에서도 이런 이미지의 힘을 잘 활용해야 한다.

고객은 모바일로 영상을 볼 때 소리를 켜지 않고 방송을 보는 경우가 많다. 라이브커머스도 마찬가지로 소리를 듣지 않고 영상만 보는 고객이 많은 환경이다. 방송 중 혜택이나 이벤트 내용은 말로 설명하는 것보다 자막이나 안내판으로 보여주는 것이 효과적이고 시간도 절약된다.

　식품 방송을 할 때는 출연자의 여러 멘트보다 맛있게 보이는 음식과 먹는 모습이 더 중요하다. 음식을 먹기 직전 입 앞에서 잠시 멈춰줄 때 고객의 식감을 강하게 자극할 수 있다. 식품은 맛있어 보이는 이미지만으로도 판매가 가능하다.

　패션 방송은 출연자 또는 모델이 제품을 입은 모습이 예뻐야 한다. 방송 중 열 마디 멘트보다 방송 화면에 어떻게 해야 예쁘게 보이는지를 고민해야 한다. 모델, 조명, 스타일링에 따라서 같은 옷이라도 다르게 느껴질 수 있다. 이렇듯 패션상품은 비주얼에 신경을 많이 써야 한다.

　상품설명은 고객이 쉽게 이해할 수 있게 시각화해서 보여주고 제품은 방송화면에 최대한 예쁘게 나오도록 해야 한다. 방송 화면에 보이는 영상 품질이 곧 제품의 품질이기 때문이다.

5. 자신감 있게 팔아라

　확신을 가지고 하는 말에는 힘이 있다. 고객들은 출연자의 눈빛, 표정, 목소리 톤만 들어도 진심으로 이야기하는지, 거짓말하는지 알 수 있다. 방송 중 쇼호스트가 제품에 자신이 있으면 눈빛부터 달라지고 목소리 톤도 달라진다. 유명한 쇼호스트들의 방송을 보다 보면 마치 자신만을 바라보고 이야기하는 것처럼 느껴진다. 그 이유는 제품에 대한 확신을 가지고 방송 중 카메라를 고객을 보듯이 강렬하게 바라보기 때문이다.

　확신에 찬 눈빛에 고객들은 빨려 들어간다. 자신이 파는 상품에 대한 확신과 사랑이 없으면 이렇게 이야기할 수 없다. 쇼호스트들은 방송 전 상품에 대한 확신과 사랑의 마음을 가져야 한다. 쇼호스트 자신도 확신 없는 상품을 방송에서 판매한다면 자기도 모르게 눈빛, 표정, 말투에서 자신감이 없어질 것이다. 그리고 분명 고객들도 그 마음을 바로 알아차리게 될 것이다.

6. 반복, 반복해서 이야기해라

TV 광고가 효과적인 이유가 반복적으로 노출되기 때문이다. 반복 노출은 상품에 대한 호감도를 높여 준다. 홈쇼핑도 1시간 동안 같은 상품설명을 반복적으로 한다. 같은 상품설명을 적어도 2번 이상, 많게는 10번까지도 반복적으로 한다. 고객이 상품설명을 반복적으로 들을수록 구매확률은 높아지기 때문이다.

라이브커머스 1시간 방송 동안 처음부터 끝까지 시청하는 고객은 거의 없다. 대부분 중간에 들어왔다가 중간에 나간다. 그렇기 때문에 시청자가 언제 들어오더라도 상품설명을 들을 수 있게 해야 한다. 가능한 상품설명을 2번 이상은 듣게 해야 구매확률이 높아진다. 고객이 상품설명을 최대한 반복적으로 많이 듣게 하는 것이 매출 향상을 위해 중요하다.

7. 고객과 소통하고 친해져라

라이브커머스 방송이 홈쇼핑과 가장 다른 점은 채팅을 통한 소통이다. 방송 중 실시간으로 고객들과 소통하며 단골고객(팬덤)을 만들 수 있는 기회가 있다. 확실한 단골고객이 있다면 라이브방송 중에 굳이 상품설명을 많이 할 필요도 없다. 고객과의 신뢰가 구축되어 있으므로 출연자가 추천하는 제품이면 고객도 믿고 바로 구매할 것이다.

라이브커머스는 고객이 방송에 직접 찾아와야 하므로 방송을 통해서 단골고객, 즉 팬덤을 만드는 것이 중요하다. 많은 판매자들은 방송 시간 중 상당 부분을 고객과의 관계를 만드는 데 사용하기도 한다. 방송 중 질문한 고객들의 아이디를 꼭 불러주는 것이 좋다. 고객들은 자신의 아이디 이름을 불러주고, 대답해주는 데서 큰 재미를 느낀다. 이것이 라이브커머스 방송을 찾아보는 이유가 될 수 있다.

8. 진실하게 팔아라

인스타그램 같은 SNS에서 팬덤을 만들기는 어렵고 시간도 많이 걸리는 일이다. 그러나 팬들에게 외면당하는 일은 한순간에 생길 수 있다. 최근 유명 인플루언서가 문제가 있는 제품을 팔아서 이슈가 된 적이 있다. 이런 한 번의 실수도 굉장히 큰 타격이 될 수 있다. 온라인커머스는 비대면이기 때문에 기본적으로 고객과의 신뢰가 전제되어야 한다. 이런 신뢰는 고객들의 만족스러운 구매 경험으로부터 쌓인다.

앞서 이야기한 판매 방송연출 기법들은 좋은 상품들을 고객들에게 잘 전달하는 방법이다. 여기에 가장 중요한 진정성이 빠지면 의미가 없는 일이다. 라이브커머스 고객들은 판매자보다 상품에 관해 더 전문가인 분들이 있다. 어설프게 속이려고 했다가는 다시는 방송을 못할 수도 있다.

국내 라이브커머스 시장은 신규 유통채널이다. 새로운 유통채널에서 고객과의 신뢰가 무너지면 이 시장 자체가 사라질 수도 있다. 라이브커머스 판매자들은 이 점을 명심하고 좋은 상품을 정직하게 판매해야 한다. 라이브커머스가 판매자와 고객이 모두 만족하는 신유통채널로 성장할 수 있기를 바란다. 진심은 통한다는 말이 있다. 여러 판매 스킬보다 진심을 담은 라이브커머스 방송이 고객의 마음을 움직일 수 있다.

02
아무도 알려주지 않는
라이브커머스 방송 기획 노하우

홈쇼핑 PD로 10년, 모바일 광고 PD로 4년, 라이브커머스 PD로 3년 일하면서 다양한 상품 영상들을 만들어봤다. 160원짜리 핫팩에서부터 10억 원짜리 아파트까지 팔아보면서 그동안 경험한 돈 되는 미디어커머스 콘텐츠 기획 노하우를 알려드리고 싶다.

미디어커머스 콘텐츠는 크게 후킹(낚시질) 앤 트리거(방아쇠)로 나눠볼 수 있다. 첫 번째 후킹을 하는 것처럼 고객의 관심을 끌어야 하고, 두 번째 트리거로 구매를 결정하게 만드는 것이다. 영상으로 상품을 팔 때 이 2가지를 항상 생각해야 한다. 보다 쉽게 이야기하면 영상을 보고 싶게 만들고, 사고 싶게 만들어야 한다. 그러면 어떻게 이런 영상을 만들 수 있을까?

첫째, 3초 안에 후킹할 수 있는 영상을 만들어라. 모든 영상은 초반 3초 안에 호기심을 자극하지 못하면 뒷부분을 아무리 재미있게 만들어도 소용이 없다. CJ온스타일에서 비디오클락이라는 동영상커머스 서비스를 기획하고 운영하면서 방수 스프레이 상품 판매용 영상을 만들었다. 초반 3초 안에 고객의 시선을 끌기 위해 명동 한복판에서 갑자기 물벼락을 맞는 콘셉트를 만들었다. 화이트 셔츠를 입은 예쁜 여자모델이 시내 한복판에서 물벼락을 맞아 옷이 젖는 모습은 호기심을 자극한다. 일단 예쁜 외모는 시선을 끈다. 그리고 슬로우모션으로 처리한 물벼락도 호기심을 자극한다.

이 2가지 요소만으로도 어느 정도 시선을 끌 수 있지만, 확실히 후킹하기 위해서는 반전이 필요하다. 그 반전 요소가 바로 방수 스프레이다. 예쁜 여자가 화이트 셔츠를 입고 물벼락을 맞으면 누구나 옷이 완전히 젖을 거라고 예상할 것이다. 그런데 방수스프레이 기능으로 옷이 젖지 않고 흘러내린다면 강력한 후킹 요소가 될 것이다. 이렇게 후킹하면서 상품의 기능성을 직관

방수 스프레이 광고 영상

출처 : CJ온스타일 〈비디오클락〉

진짜 전문가가 알려주는 **대한민국 모바일 라이브커머스**

적으로 보여준다면 고객의 머릿속에 오래 남고 구매로 이어질 가능성이 크다.

둘째, 이런 후킹한 영상들을 기획하는 몇 가지 팁이 있다. 가장 기본적으로 3B가 포함된 영상을 추천한다. 3B는 Beauty(미인), Baby(아기), Beast(동물)를 말한다.

이 중 가장 먼저 사람들의 시선을 끄는 것은 뷰티다. 누구나 예뻐지고 싶고, 예쁜 것을 보고 싶은 욕망이 있다. 이것은 본능이자 현실이다. 많은 광고에 예쁘고 아름다운 여성이 많이 나오는 것은 이런 이유다. 커머스 영상에서는 특히 영상이 상품에 대한 호감을 줘야 하기 때문에 예쁜 출연자를 섭외하는 것이 고객을 후킹하며, 호감을 주는 가장 쉬운 방법 중 하나다. 이것은 결코 외모로 사람을 평가하려는 것이 아니라 영상 콘텐츠에서 시선을 끄는 여러 방법 중 하나를 설명하는 것이다.

다음은 베이비다. 아기들은 언제나 시선을 끄는 묘한 매력이 있다. 사람들은 아이들의 순수하고 귀여운 모습을 넋을 잃고 바라볼 때가 많다. 예쁘고 귀엽기 때문에 시선을 끌기도 하지만, 다양한 행동을 하고 여러 상황에 처한 아이들을 보면 눈을 떼지 못하기도 한다. 다만 광고상에서 아이들은 상품에 대한 멘트를 할 수 없다. 이 점은 유의해서 활용해야 한다.

마지막으로 비스트, 동물들이다. 최근에 반려견을 키우거나 고양이 집사들이 많아지고 있다. 길을 가다가 귀여운 동물들을 보면 눈을 떼지 못하고 바라보게 된다. 후킹한 콘텐츠 요소로 동물을 영상에 넣으면 어느 정도 시선을 사로잡을 수 있다. 동물의 행동에 성우 더빙을 하면 재미있고 후킹한 콘텐츠가 나오기도 한다. 다만 실제 동물을 데리고 촬영하는 일은 굉장히 어렵다. 전문가가 아니라면 동물 촬영은 추천하고 싶지는 않다.

지금까지 말씀드린 3B 말고 가장 강력한 영향력을 지닌 출연진은 또 있다. 바로 셀럽이나 연예인이다. 광고에서 비싼 출연료를 주고 셀럽이나 연예인을 내세우는 이유는 시청자들이 많이 알고 있는 사람이기 때문이다. 똑같은 영상이더라도 아는 사람이 나오면 더 집중하게 되고 재미를 느끼게 된다. 라이브커머스에서도 꾸준한 소통을 통해서 팬덤을 만드는 이유가 시청자들이 아는 사람, 믿을 만한 방송 진행자를 만들기 위해서다. 그래야 내 방송을 봐주고 믿고 구매해줄 수 있는 것이다.

후킹한 콘텐츠를 만드는 핵심은 호기심이다. 〈헨젤과 그레텔〉에서 나오는 빵조각이 바로 호기심이다. 시청자를 내가 원하는 방향으로 이끌어 오기 위해서는 호기심이라는 빵조각을 만들어 꾸준히 눈앞에 놓아줘야 한다.

후킹으로 호기심을 불러일으킨 다음 단계는 트리거다. 즉, 영상을 본 고객들이 구매 행동을 하게 만드는 것이다. 트리거는 권총의 방아쇠다. 최종 목적은 방아쇠를 당기는 것, 시청자가 우리가 판매하는 상품을 구매하는 고객으로 만드는 것이다.

TV홈쇼핑에서는 이런 트리거 스킬을 많이 쓰고 있다. 대표적인 것이 타임, 매진, 푸시다. "지금 살 수 있는 시간이 얼마 안 남았어요", "매진 임박, 남은 수량 얼마 없습니다", "오늘 단 하루 마지막 찬스 놓치면 후회" 등 이런 푸시 멘트들은 고객이 지금 행동하지 않

진짜 전문가가 알려주는 **대한민국 모바일 라이브커머스**

으면 손해 볼 것 같은 느낌을 주면서 구매라는 행동을 하게 만든다.

라이브커머스는 단순히 호기심과 재미를 주려고 방송하는 것이 아니다. 고객이 구매라는 행동을 하게 만드는 것이 목적이다. 그러므로 후킹 요소보다는 트리거 요소가 더 중요할 수 있다.

고객이 구매라는 행동을 하게 하는 트리거의 핵심은 고민과 불안, 신뢰다. 고객은 상품을 못 살 수도 있다는 고민과 불안이 있어야 구매행동으로 이어지기 쉽다. 그리고 지금 사는 것이 잘하는 것이라는 확신과 신뢰가 뒷받침되어야 구매로 이어진다.

구매전환을 극대화하는 트리거 콘텐츠는 먼저 고객에게 지금이 유일한 기회이고, 이번에 못 사면 다시는 기회가 없을 것 같이 몰아가야 한다. 그리고 사야 할 가장 강력한 이유들을 쏟아부어서 자신의 결정이 실패하지 않을 거란 믿음을 심어줘야 한다.

예를 들어 에어컨을 판다고 했을 때 이렇게 트리거를 만들 수 있다.

"고객님 지금 안 사시면 더운 여름 전에 배송을 못 받을 수 있습니다. 오늘이 여름 전 배송받을 수 있는 마지막 방송이에요. 그리고 오늘 역대급 최저가 방송 중입니다. 지금 인터넷을 검색해서 최저가를 확인해보세요. 내일이면 이 가격은 사라집니다. 추가로 지금 구매하시는 모든 고객님에게 선풍기 사은품까지 드립니다. 일시불 결제가 부담되시는 분들은 무이자 최장 12개월로 한 달에 단 9만 원만 내세요. 그리고 오늘 구매고객에게만 특별히 설치비 무료 혜택까지…. 오늘 재고가 얼마 없습니다. 물량확보를 위해 먼저 결제만

하시고 내일 취소하셔도 됩니다. 이제 50대밖에 안 남았습니다. 오늘 구매하시고 구매 인증하시는 분들은 추첨해서 건조기까지 드립니다. 지금 구매하시는 분들은 너무 잘하시는 거예요. 후회하지 않으실 겁니다."

TV홈쇼핑을 많이 보신 분들이라면 많이 들어봤을 레퍼토리다. 그러나 이게 고객의 구매전환에 직접 영향을 미치는 실진 방송멘트들이다. 처음 라이브커머스로 상품을 팔 때는 이 내용을 참고해서 상품 구성과 프로모션을 만들고 방송멘트를 연습해보면, 판매가 되는 라이브커머스의 기초를 배울 수 있을 것이다. 한번 방송을 본 고객은 구매할 수 있게 만들어야 한다.

그러나 최근 모바일 라이브커머스는 이런 공식들이 잘 적용되지 않는 경우들도 있다. 라이브는 양방향 소통으로 팬덤을 통한 판매가 이루어지기 때문에 상품설명 및 구매 푸시보다는 관계 형성에 많은 시간을 사용하기도 한다. 상품을 팔려고 계속 떠드는 것보다 아무 말도 하지 않고 인플루언서 본인이 진심으로 직접 써봤다고 말하는 것이 백 마디 멘트보다 고객의 구매유발에 더 큰 영향을 미칠 수 있다. 이것이 바로 인플루언서 팬덤의 후킹 요소이고, 인플루언서의 경험담이 트리거 요소가 될 것이다.

라이브커머스를 하면서 방송에 대한 후킹 요소와 판매에 대한 트리거 요소를 꾸준히 개발하는 것이 중요하다. 많은 고객들이 방송을 오래 보고 싶게 만들고, 본 고객들은 사고 싶게 만드는 것이 라이브커머스 방송의 핵심 역할이다.

03

고객의 눈길을 사로잡는 방송 비법, 궁금증

　　최근 전 세계적으로 한국 드라마가 큰 인기를 끌고 있다. 왜 한국 드라마는 재미있을까? 그 이유는 여러 가지가 있겠지만 그중 하나는 드라마가 끝날 때 다음 편이 궁금해지도록 클라이맥스에서 결론을 보여주지 않고 엔딩을 하는 것이다. 시청자가 미치도록 보고 싶은 바로 그때 자르는 것이다. 이 궁금증이 긴 드라마 시리즈를 끝까지 보게 하는 힘이다. 비록 드라마 PD는 아니었지만, 홈쇼핑 PD를 하면서 홈쇼핑 방송을 오래 시청하게 만들기 위해 고민을 많이 했다. 고객의 시청시간이 늘어나는만큼 매출도 함께 늘어나기 때문이다.

　　계속 보고 싶은 방송 콘텐츠의 핵심은 시청자가 다음 장면이 궁금한가, 아닌가에 달려 있다. 시청자가 채널을 돌리지 않고 계속 시청하게 만들기 위해서는 궁금증을 지속적으로 유발해야 한다. 〈헨젤과 그레텔〉의 빵조각처럼 시청자들은 궁금증이라는 빵조각을 따라서 연출자가 원하는 방향으로 이끌리게 된다.

방송을 보러온 고객이 나가지 않고 오랫동안 시청하게 만드는 방법을 알아보자.

첫째, 콘셉트로 시선을 끌어라. 배달의민족에서 첫 라이브방송을 할 때 탄산수 방송을 했다. 배민라이브의 주 시청자가 20, 30대여서 담당 PD가 콘셉트를 〈쇼미더머니〉랩으로 잡았다. 쇼호스트가 랩퍼로 등장해 탄산수 소개를 랩으로 진행했다. 탄산수는 방송으로 설명할 내용도, 고객이 궁금할 내용도 많지 않다. 이를 극복하기 위해 상품설명을 랩으로 재미있게 했다. 메인 젊은 고객들의 반응도 좋았고 개별 시청시간도 길었다. 시청시간이 길수록 매출도 높아서 성공적으로 론칭을 했다.

방송의 콘셉트는 시청자의 눈을 끌거나 시청시간을 늘리는 좋은 도구다. 상품설명을 한 시간 동안 한다는 것은 결코 쉬운 일이 아니다. 그리고 그 방송을 보는 고객한테는 더 쉬운 일이 아닐 수 있다. 그러기에 방송 콘셉트를 통해 볼거리를 주고, 중간중간 재미 요소를 넣어 주어야 한다. 방송 콘셉트를 잡을 때는 가능한 상품 콘셉트와 타깃고객을 잘 고려해서 잡아야 한다. 항상 방송을 보는 고객 입장에서 생각해야 한다. 전문 PD가 아닌 이상 방송 콘셉트를 잡고 한 시간 동안 통일성 있게 콘셉트를 유지하며 방송을 한다는 것이 쉽지는 않다.

또 하나의 노하우를 추가한다면 바로 패러디다. 최근 인기 있는 인물이나 TV방송 프로그램의 콘셉트를 패러디하는 것이 쉽고 효과적인 방법이다. 고객들은 처음 보는 새로운 콘셉트보다는 기존에 익숙한 콘셉트인데 약간의 변화만 준 콘셉트에 좀 더 호감을 느낀다. 라이브커머스 방송은 실시간 휘발성 콘텐츠이다 보니 트렌드에 더 민감하다. 트렌드한 방송, 콘텐츠를 많이 보고 따라 해보는 것이 중요하고 필요하다. 방송 콘셉트라는 틀이 있으면 다음 장면이 궁금해지고 기대가 되어 시청시간이 늘어난다.

둘째, 고객 참여를 이끌어라. 모바일 라이브방송에서 고객을 붙잡아 놓기 위해 많이 사용하는 것이 방송 중 프로모션 이벤트다. 고객들은 이런 추첨 이벤트가 있으면 참여하고 추첨을 기대하며 방송을 오랫동안 시청하게 된다. 이 부분을 잘 활용하면 고객을 오랫동안 붙잡아놓을 수 있고 구매확률도 높일 수 있다.

홈쇼핑과 라이브커머스의 가장 큰 차이점은 방송 중 고객과 채팅을 통해 소통할 수 있다는 점이다. 고객들은 방송 중 언제든 궁금한 점을 채팅을 통해 물어보고, 쇼호스트들은 답을 해줄 수 있다. 질문하고 답을 기다리면서 방송 시청시간은 늘어난다.

고객들은 자기 질문에 어떻게 대답을 해주는지 궁금해하고 기다린다. 라이브커머스 방송은 홈쇼핑처럼 대중을 상대로 이야기하지 말고 개인을 상대로 이야기해야 한다. 고객은 작은 핸드폰으로 보면서 채팅도 할 수 있기 때문에 TV방송이라기 보다는 개인적인 1:1 화상채팅으로 생각할 수 있다. 그래서 방송 중 이야기를 할 때 TV처럼 "고객님들~"하면서 대중에게 이야기하는 것이 아니라 "○○○ 아이디 고객님~"하면서 개인적으로 이름을 부르며 이야기해야 한다. 굉장히 개인적인 콘텐츠로 생각해야 한다. 그리고 고객들이 방송에 적극적으로 참여하도록 해야 시청시간도 늘어나고 팬덤도 만들 수 있다. 이런 고객 참여 장치들을 많이 만들어놓아야 한다.

셋째, 상품에 대한 다양한 정보를 제공해라. 본질적으로 라이브커머스를 보는 고객들은 상품이 궁금해서 보는 것이다. 방송 중에 이런 궁금증을 해결할 수 있도록 상품에 대한 많은 정보를 준비하고 이야기해줘야 한다. 한 시간 동안 고객이 궁금해하는 상품정보는 실로 다양하다. 이런 다양한 상품정보들은 방송 중에 쇼호스트에게 강력한 무기들이 된다. 전쟁에 나갈 때 많은 무기들이 필요한 것처럼 많은 무기들을 준비하고 적재적소에 사용해야 전쟁에서 승리할 수 있다.

방송 중에 상품정보를 나열하는 것은 의미가 없다. 담당 PD는 구매 유도하는 상품정보를 어떻게 비주얼로 보여주는가를 생각해야 한다. 예를 들어, 방수가 되는 스마트폰을 판매한다고 하면 백번 말로 방수가 된다고 이야기하는 것보다 수족관 속에 스마트폰을 넣어서 보여주는 것이 고객들에게 이미지로 각인시키는 좋은 방법이다. 백문이 불여일견이다.

이런 식으로 상품의 특장점을 다양한 방법으로 설명하고 보여줄 수 있게 준비해야 고객들의 시선을 계속 잡을 수 있다. 상품정보를 하나씩 소개해서 고객들의 궁금증을 채워주면서 본인이 원하는 방향으로 이끌어 갈 수 있다.

라이브 1시간은 생각보다 길다. 1시간 동안 고객의 시선을 작은 스마트폰 화면에 잡아두기란 쉽지 않다. 그러나 방송 중 언제든지 들어온 고객을 최소한 3분이라도 잡아 놓을 수 있다면 성공이라고 생각한다. 길게 보게 하면 할수록 구매확률은 높아지기 때문이다. 이를 위해서는 고객을 어떻게 궁금하게 만들지를 계속 고민해야 한다.

04

고객이 구매하게 만드는
방송 비법, 불안감

흔히 주식 시장을 움직이는 힘은 탐욕과 불안감이라고 말한다. 실제로 변화를 두려워하는 인간을 움직이는 것은 탐욕과 불안감이라는 감정이다. 이 감정은 라이브커머스 방송에서도 실제 구매 행동을 일으키는 요소다. 짧은 시간 동안 방송을 통해 고객이 구매라는 행동을 일으키는 것은 결코 쉬운 일이 아니다. 이것을 가능하게 하는 것이 고객의 욕심과 불안감이다.

홈쇼핑 방송에서 이런 쇼호스트 멘트를 많이 들어봤을 것이다.

"고객님 수량이 얼마 남지 않았습니다. 이 가격 방송 중에만, 오늘이 이 가격으로 진행하는 마지막 방송입니다."

고객들은 이런 말을 들을 때 못 살까 봐, 혜택을 놓칠까 봐 불안해한다. 그리고 자신도 모르게 주문을 하게 된다. 고객을 불안하게 만드는 것이 구매 행동을 유발하는 강력한 힘이다. 참고로 홈쇼핑 방송은 심의 규제가 심해서 쇼호스트가 이런 멘트를 할 때는 실제로 사실에 기반해서 해야 하는 점은 꼭 명심해야 한다.

모바일 라이브커머스 방송에서 실제 구매를 일으키는 데 도움이 되는 방송 스킬을 몇 가지 알려드리겠다. 기본적으로 혜택에 대한 욕심을 자극하고 혜택을 잃을 것 같은 불안감을 동시에 활용하는 것이다.

첫째, 욕심에 욕심을 더해라. 기본적으로 방송을 보고 구매하려는 고객들은 사고 싶은데, 사야 할 결정적 이유를 찾는 사람들이다. 방송을 통해 지금 사야 할 확실한 이유를 이야기해야 한다. 왜 오늘 지금 이 시간에 여기서 사야 하는지를 명확하게 알려줘야 한다. 고객은 욕심쟁이다. 항상 더 많은 혜택을 요구한다. 고객이 예상한 혜택보다 하나라도 더 줘야 고객은 지갑을 열 것이다. 예를 들어 사과를 라이브커머스 방송으로 팔 때 혜택을 어떻게 준비해야 하는지 알아보자.

라이브커머스 방송 상품의 혜택과 프로모션을 준비할 때는 고객이 혜택을 확실히 느낄 수 있도록 준비해야 한다. 그리고 방송 중에 살 때 가장 좋은 혜택으로 싸게 산다는 믿음을 심어줘야 한다. 이런 믿음이 있어야 고객들이 라이브커머스 방송을 찾기 때문이다.

둘째, 고객을 불안하게 해라. 사람들이 사고파는 물건 중에 가장 비싼 것 중 하나가 집일 것이다. 작년에 집값이 폭등할 때 사람들은 영혼까지 끌어모아서라도 비싸지만 집을 사려고 했다. 그 이유는 바로 이 가격에 집을 살 기회를 영원히 잃을 것 같은 불안과 공포였다. 이런 심리는 사람들이 일반적인 쇼핑을 할 때

진짜 전문가가 알려주는 **대한민국 모바일 라이브커머스**

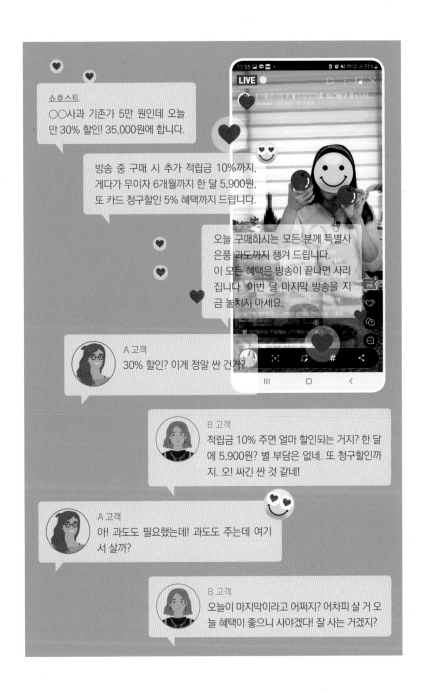

쇼호스트
○○사과 기존가 5만 원인데 오늘만 30% 할인! 35,000원에 합니다.

방송 중 구매 시 추가 적립금 10%까지, 게다가 무이자 6개월까지 한 달 5,900원, 또 카드 청구할인 5% 혜택까지 드립니다.

오늘 구매하시는 모든 분께 특별사은품 과도까지 챙겨 드립니다.
이 모든 혜택은 방송이 끝나면 사라집니다. 이번 달 마지막 방송을 지금 놓치지 마세요.

A 고객
30% 할인? 이게 정말 싼 건가?

B 고객
적립금 10% 주면 얼마 할인되는 거지? 한 달에 5,900원? 별 부담은 없네. 또 청구할인까지. 오! 싸긴 싼 것 같네!

A 고객
아! 과도도 필요했는데! 과도도 주는데 여기서 살까?

B 고객
오늘이 마지막이라고 어쩌지? 어차피 살 거 오늘 혜택이 좋으니 사야겠다! 잘 사는 거겠지?

도 똑같이 나타난다.

홈쇼핑이나 라이브커머스 방송에서도 고객의 구매를 유도하기 위해서는 이 불안과 공포의 심리를 활용해야 한다. 쇼호스트가 상품설명 후 다음과 같은 멘트를 많이 사용한다. "이 혜택 오늘이 마지막!", "이 구성조건 단 하루!", "한정 수량!", "매진 임박, 얼마 남지 않았습니다", "이 혜택은 방송 후에는 사라집니다" 이런 멘트들은 방송심의 규제를 받기 때문에 거짓말로 이야기할 수는 없다. 이런 멘트를 쓰기 위해서 상품 구성 조건들은 사전에 조정되기도 한다. 이런 '마지막' 멘트를 쓰는 이유는 그만큼 효과가 있기 때문이다. 마지막이라는 단어는 사람을 불안하게 만든다.

고객을 불안하게 만드는 방법 중 또 하나는 혜택을 주고 빼앗는 것이다. 고객들에게 많은 혜택들을 이야기하고, 지금 구매하지 않으면 이 많은 혜택이 사라진다고 할 때 고객들은 자기 혜택을 빼앗기는 마음이 든다. 이런 불안감은 고객의 구매행동을 일으킬 가능성을 높인다. 어떤 혜택을 주고 빼앗아야 할지 알아보자.

1. 혜택받는 시간 빼앗기

방송에서 많은 혜택을 보여주고 혜택을 받을 수 있는 시간을 한정하는 것이다. 고객에게 가장 싸게 살 수 있는 기회를 빼앗기는 것 같은 불안감을 심어준다. 이런 쇼호스트 멘트들은 다음과 같다.

"고객님 이 조건, 이 가격은 방송 중에만 드립니다. 방송이 끝나면 이 조건, 이 가격으로 다시는 살 수 없습니다. 이 기획 절대 놓치지 마세요."

라이브커머스 방송은 짧은 방송 시간에 구매를 유도해야 하기 때문에 고객을 압박하는 게 효과적이고 필요하다.

2. 상품 재고 수량 빼앗기

판매 수량을 한정하는 방법으로 다시는 살 수 없을 것 같은 구매기회 박탈의 불안감을 심어준다. 보통 패션상품 판매 방송에서는 사이즈별 매진 압박을 많이 한다. 예를 들어, 큰 사이즈 상품 재고 수량을 적게 준비해서 조금만 팔리더라도 바로 매진되었다고 이야기한다. 고객들은 방송 중 매진을 보면서 자신의 사이즈를 못살까 봐 불안해하기 시작한다. 계속 매진 압박을 받으면 불안한 마음으로 자신의 사이즈를 주문하게 될 가능성이 크다.

"고객님 110 사이즈 매진입니다. 이제 남은 수량 얼마 없습니다. 오늘 1,000세트 한정 수량입니다. 이번에 못 사시면 다시는 구매하실 수 없습니다. 지금은 수량확보가 우선입니다."

기본적으로 고객이 상품을 구매하는 이유는 상품이 사고 싶기 때문이다. 그러나 사고 싶은 상품이더라도 구매를 결심하고 행동하기까지 많은 시간이 걸린다. 라이브커머스 방송은 이 시간을 줄여야 한다. 고객이 고민하는 시간을 줄여주고, 실제 구매행동으로 이어지도록 불안 심리를 적절히 활용하는 것이 필요하다.

05

라이브커머스 베스트 PD가 알려주는 상품 카테고리별 방송연출 노하우

라이브커머스 방송을 기획하고 진행하는 사람이 PD다. 일반 TV방송 PD는 시청자를 대상으로 방송을 연출하지만, 라이브커머스 PD는 고객을 대상으로 방송을 한다. 방송의 목적도 시청률이 아니라 매출이다. 재미있게 방송하면 시청 수를 늘릴 수 있겠지만, 꼭 시청 수가 많다고 매출이 함께 오르지 않을 수 있다는 점을 명심해야 한다.

먼저 라이브커머스 방송제작 프로세스를 간단하게 알아보자. 다음은 보통 라이브커머스 PD의 업무 프로세스다.

1. 방송 상품, 노출 플랫폼, 방송일시 확정 및 샘플 공유하기
2. 상품 미팅 : 협력사, MD, PD 미팅 후 방송 기획(출연자, 스태프, 스튜디오 섭외)
3. 방송 미팅 : 출연자, MD, 마케터, PD 방송 미팅 후 셀링포인트 정리, 최종 방송조건 확정 및 마케팅 기획
4. 방송 기획 : 큐시트(방송 진행 순서표) 작성, CG 자막 제작, 방송 준비, 심의

의뢰(건강식품)

5. 방송 세팅 : 플랫폼 송출 앱 세팅, 스튜디오 무대, 샘플, 소품 세팅, 헤어메이크업, 의상 확인, 카메라, 오디오, 조명, 송출장비 세팅 확인, 채팅 인원, 방송 전 출연자 미팅, 광고 마케팅 내용 확인
6. 방송 진행 후 정리 : 방송 진행 후 리뷰, 방송 VOD 업로드 확인

라이브커머스 방송 제작환경이 아직은 체계화되어 있지 않기 때문에 출연자가 PD가 될 수도 있고, PD가 기술 스태프 및 마케터도 될 수 있다. 방송기술과 시스템의 발전으로 적은 인원으로도 쉽게 라이브커머스 방송 진행이 가능해졌다. 그렇지만 방송을 준비하고, 진행하는 PD의 역할은 변하지 않을 것이다.

홈쇼핑이나 라이브커머스 방송에 대본이 있냐고 물어보는 경우가 있다. 극히 일부 금융 투자 상품들처럼 사전심의를 받아야 하는 특수한 상황을 제외하면, 1시간 방송 전체 대본을 쓰는 경우는 거의 없다. 다만 큐시트(방송 진행 순서표)를 라이브커머스 PD가 작성한다. 이 큐시트가 방송의 뼈대가 되어 방송을 체계적으로 진행할 수 있게 된다. 큐시트에는 PD의 모든 판매 전략이 들어 있고, 출연자들은 이 진행표를 기반으로 방송을 진행하기 때문에 매우 중요하다.

카테고리별로 매출을 높일 수 있는 큐시트 작성 노하우를 소개하겠다. 이 방송 순서들은 카테고리별 베스트로 인정받던 홈쇼핑 PD들의 노하우를 정리한 것이다. 다음 방송순서를 참고해서 매출을 높일 수 있는 자신만의 큐시트를 만들어보자.

1. 패션 : 무조건 예뻐 보여야 한다(모델, 코디, 조명 중요).

패션 매출 올리는 방송 순서

(1) 최신 트렌드 팁 소개

(2) 브랜드 소개(브랜드 인지도 낮으면 안 해도 됨)

(3) 제품 입은 모델 핏 보여주기(전체 풀샷, 타이트 컷)

(4) 제품 상세 기능 및 소재 소개(소재, 기능, 컬러, 패턴 중심)

(5) 제품 코디 및 활용안 소개

(6) 제품 구성 및 가격조건 이벤트 소개

(7) 고객 구매 후기 소개

(8) 제품 착장 모델링(모델 예쁘게 착장한 모습)

(9) 구성 가격조건들 정리 이벤트 내용 소개

2. 뷰티 : 비포애프터 제품기능을 눈으로 보여줘라.

뷰티 매출 올리는 방송 순서

(1) 제품 구성 및 스케치(상품 구성 보여주기)

(2) 브랜드 소개 및 제품 히스토리

(3) 니즈 환기 및 위협소구(제품 기능 필요한 이유)

(4) 기능 시연 직접 보여주기(비포애프터)

(5) 임상시험 결과 및 효과 검증자료 보여주기

(6) 구성 및 가격조건, 이벤트 푸시

(7) 구매후기 상품평 및 실제 체험 소개

3. 생활, 리빙 : 제품의 기능을 보여주는 시연이 중요하다.

생활, 리빙 매출 올리는 방송 순서

(1) 브랜드 소개하기(CF활용 등)

(2) 구성 및 프로모션 혜택 설명

(3) 니즈환기 및 위협소구(제품 기능이 필요한 이유)

(4) 기능 시연 직접 보여주기(제품을 통해 문제 해결되는 모습)

(5) 다양한 상황에 활용 방법 보여주기

(6) 구성 및 가격조건, 이벤트 푸시

(7) 구매후기 상품평 및 실제 체험기

4. 식품 : 무조건 맛있게 보여줘라.

식품 매출 올리는 방송 순서

(1) 맛있게 요리되는 모습 및 시식 모습(식감 자극)

(2) 브랜드 및 원산지, 성분 등 신뢰 소구하기

(3) 요리 및 시식하는 모습(맛있게 보이게, 먹고 싶게)

(4) 다양한 요리 활용 방법 소개(이럴 때는 이렇게 해서 드세요!)

(5) 구성 및 가격조건, 이벤트 푸시

(6) 구매후기 상품평 및 실제 체험기

5. 가전 : 제품 기능 혜택 및 최저가를 확인해줘라.

가전 매출 올리는 방송 순서

(1) 브랜드 소개(신뢰 중요)

(2) 프로모션 최저가 강조(검색해서 최저가 세팅)

(3) 사용자 중심의 제품 소개(니즈 환기, 기능소개 및 시연 활용 모습)

(4) 제품 보여주기(뷰티샷_제품디자인 영상, 핸들링_제품 사용모습)

(5) 구성 및 프로모션, 가격조건, 이벤트 푸시

(6) 제품 모델링, 핸들링(사용하는 모습)

(7) 고객 상품평 사용후기

제안한 방송 순서를 기본으로 하되 고객과 실시간 소통을 하면서 순서를 변경할 수도 있다. 이런 상품설명(디테일)을 10분 이내로 임팩트 있게 잘 준비해서 방송하는 것이 좋다. 고객이 라이브커머스 방송을 보는 시간은 길어야 8분 이내이기 때문이다. 라이브커머스 방송은 고객의 시선을 끌고 상품을 매력적으로 보여주고 가격 조건 혜택 소개 등으로 짧은 시간에 구매 행동을 일으켜야 한다.

라이브커머스를 진행하는 PD는 방송 순서를 잘 준비하는 것도 중요하지만, 라이브 중에 실시간으로 고객 반응에 대처하는 것도 중요하다. PD가 보여주고 싶은 것보다 고객이 보고 싶은 것, 알고 싶은 것을 잘 알려주는 것이 라이브커머스 방송 PD의 역할이다.

큐시트 샘플

제목 : 방송 상품명

1. 방송 준비

일시/장소	○○월 ○○일 ○○시 ○○분/○○스튜디오
송출 플랫폼	
PD/MD/채팅	
출연자	
기술 스태프/장비	송출기술 감독/카메라/오디오/조명 감독
무대세트 및 소도구	
헤어메이크업 의상	
CG 자막 or 패널	

2. 마케팅 준비

방송 중 이벤트	
외부 마케팅	
내부 마케팅	

진짜 전문가가 알려주는 **대한민국 모바일 라이브커머스**

3. 상품 구성 조건

상품 구성	할인 내용	최종 가격(배송)

4. 방송 순서

진행 순서	진행 내용	출연자	DUR
오프닝			
1차 디테일			
2차 디테일			
엔딩			

06

실패하지 않는
방송 진행자 선별 방법

라이브커머스가 뜨면서 큰 혜택을 본 사람들이 모바일 쇼호스트다. 기존 홈쇼핑 쇼호스트들은 경쟁이 치열해서 쇼호스트가 되는 것 자체가 매우 어려웠다. 수많은 쇼호스트 지망생들이 있지만, 정작 쇼호스트가 되는 이들은 매우 적었다. 이는 홈쇼핑 업체수가 한정적이고, 쇼호스트도 많이 뽑지 않았기 때문이다. 그러나 최근 모바일 라이브커머스 방송이 하루에도 수백 개가 진행되면서 모바일 쇼호스트의 수요가 폭발적으로 증가했다. TV 홈쇼핑 쇼호스트뿐만 아니라 쇼호스트 지망생, 유튜버, 인플루언서, 모델, 개그맨, 연예인 셀럽들까지 많은 분이 모바일 쇼호스트에 지원하고 있다.

라이브커머스 출연료는 개인별로 천차만별이지만, 업계 평균적으로 10~50만 원 수준이다. 유명 셀럽들은 자신의 인지도에 따라 출연료가 많이 다르다. 단지 인지도가 높다고 시청 수와 매출이 높은 것은 아니다. 인플루언서 중에서는 팔로워 수는 많지 않지만 판매를 잘하는 분들도 있다. 판매를 위해서는 이런 분들을 섭외해야 한다.

라이브커머스 쇼호스트에게 가장 중요한 역량은 상품에 대한 폭넓은 지식과 경험 그리고 신뢰감이라고 생각한다. 방송을 잘하는 베스트 쇼호스트의 기준을 알아보자.

첫째, 라이브커머스 쇼호스트에게 중요한 역량은 상품에 대한 지식과 경험이다. 홈쇼핑 PD 업무를 할 때 친했던 쇼호스트가 있었다. 그분은 방송할 때마다 공책을 한 권씩 가져왔다. 매번 방송 준비를 위해서 상품에 관련된 모든 자료를 준비해온 공책이었다. 상품에 연관된 신문자료나 방송 중에 사용할 만한 멘트, 상품 핸들링하는 방법 등 방송 중에 요긴하게 사용할 내용들이었다. 방송 한 시간 동안 다른 쇼호스트들에 비해 다양하고 설득력 있는 멘트를 할 수 있었기 때문에 시청수도 높고 그만큼 매출도 좋았다. 판매방송에서 쇼호스트의 본질은 상품에 관해 고객 대신 경험하고 지식을 전달해주는 것이다.

유튜브를 볼 때 유튜버가 예쁘고 말을 잘해서가 아니라 자신이 원하는 많은 정보들을 줄 때 구독하게 된다. 쇼호스트가 상품에 대한 많이 알고 경험이 많을수록 고객들은 오래 시청하며 신뢰하고 구매하게 된다. 그래서 쇼호스트는 고객을 대신해서 항상 상품에 관해 끊임없이 연구해야 한다.

둘째, 다음으로 중요한 역량은 신뢰감이다. 라이브커머스는 구매라는 행동을 일으켜야 하므로 신뢰가 중요하다. 아무리 말을 잘해도 사기꾼 같은 사람이 있고, 말을 잘하지 못해도 신뢰가 가는 사람이 있다. 두 사람이 물건을 판다면 당연히 신뢰감이 가는 사람에게 구매할 것이다. 쇼호스트가 라이브방송에서 고객에게 신뢰를 높일 수 있는 몇 가지 방법이 있다. 가장 중요한 것은 표정과 말투에서 나오는 자신감이다. 쇼호스트가 파는 상품에 대한 자신감이 없으면 시청 고객들도 그것을 느낀다. 파는 사람도 자신이 없는 상품은 누구도 사지 않는다. 기본적으로 좋은 상품을 팔아야 한다. 그리고 그런 상품들을 쇼호스트는 자신감 있게 설명하면서 신뢰를 주고 방송을 해야 한다.

　홈쇼핑 업계의 TOP 쇼호스트들을 잘 보면 특징이 있다. 바로 눈빛이다. 상품에 대한 자신감에서 나오는 당당한 눈빛으로 카메라를 노려본다. 초보 쇼호스트들은 카메라 렌즈를 바로 보는 것을 잘하지 못한다. 카메라가 사람이 아니라서 사람 눈처럼 바라보기가 쉽지 않다. 그러나 카메라 렌즈를 집중해서 볼 때 방송을 시청하는 고객들은 자신을 똑바로 보는 것처럼 느끼게 된다. 누군가 자기를 집중해서 바라보면 자신도 모르게 시선이 멈추고 집중하게 된다. 라이브커머스는 대부분 1인 미디어인 모바일로 시청한다. 그래서 자신감 있게 카메라를 바라보는 눈빛이 더 중요하다.

　사람들은 목소리에서 신뢰감을 느낀다. 쇼호스트들이 높은 톤으로 방송을 많이 한다. 힘없고 처지는 톤보다는 좋지만, 고객들이 1시간 동안 이런 톤의 목소리를 듣기는 쉽지 않다. 라이브커머스는 1인 미디어에 가깝다. 대중에게 이야기하는 톤보다는 친한 팬들에게 이야기하는 톤이 적합하다. 우리가 가까운 사람들에게 이야기할 때 흥분해서 높은 톤으로 말하지 않는 것처럼 라이브커머스도 좀 더 자연스러운 목소리 톤으로 이야기할 필요가 있다. 자연스러움에 신뢰가 묻어나올 수 있다.

PD가 라이브커머스 방송을 준비할 때 첫 번째로 고민하는 것이 출연자 섭외가 아닐까 한다. 그만큼 방송에 쇼호스트의 영향력이 크다. 고객들은 쇼호스트를 통해서 상품을 보기 때문이다. 라이브커머스를 이슈 메이킹 광고 목적으로 사용한다면, 큰돈이 들더라도 유명 연예인을 쓰고 광고홍보 마케팅을 확대하면 된다. 그러나 대부분 라이브커머스 방송의 목적은 판매 매출을 높이는 것이다. 적정한 예산으로 최대한 매출을 높이기 위해서는 어떤 출연자를 섭외해야 할까?

기본적으로 모바일 쇼호스트나 TV방송 쇼호스트들이 판매방송에는 가장 적합하다. 이런 분들은 방송심의에 관해 인지를 하고 있기 때문에 그만큼 방송 리스크도 적다. 건강식품이나 기능성 뷰티상품 같은 경우에는 특히 방송심의에 대한 이해가 부족한 출연자를 섭외하면 큰 문제가 있을 수 있다. 그리고 상품설명과 판매에 대한 많은 경험들이 있기 때문에 처음 라이브커머스 방송을 시작할 때는 이런 쇼호스트들을 추천한다.

홈쇼핑이나 대형 플랫폼들은 정기적으로 라이브커머스 방송을 하기 때문에 모바일 쇼호스트를 자체적으로 선발해서 전용 출연자로 활용한다. 전용 모바일 쇼호스트는 심의부분도 통제가 되고, 출연료도 적절하게 유지 관리할 수 있다. 뽑은 쇼호스트들은 방송을 함께하면서 교육하고 성장시켜야 한다. 단발성으로 경험 많은 TV홈쇼핑 쇼호스트나 모바일 쇼호스트들을 쓸 수 있지만, 출연료가 부담될 수 있고 방송의 연속성이 없다는 단점이 있다.

비용이 충분하다면 유명 연예인을 출연자로 섭외할 수도 있다. 출연자의 인지도가 높다고 항상 매출이 오르는 것은 아니지만, 광고 목적으로 이슈를 만들기 위해서는 유명 연예인이 효과적일 수 있다. 그러나 라이브커머스 방송에서는 상품과 연결성이 부족한 연예인이 출연하면 매출이 더 저조해질 수도 있다. 고객들이 방송을 광고라고 인식하는 순간 채널을 돌리기 때문이다. 비용은 크게 들지만, 상품과 연결성이 좋은 연예인들은 매출에 확실히 도움이 되기도 한다.

최근 연예인보다 더 인기 있는 SNS 인플루언서들도 많다. 많은 인플루언서들이 라이브커머스 방송을 통해 직접 자신이 만든 상품을 팔기도 한다. 라이브커머스 PD들도 매출 확대를 위해 인플루언서를 출연자로 섭외하기도 한다. 판매 상품과 긴밀하게 연결되고 셀링 파워 Selling Power가 있는 인플루언서들이 사전에 SNS에 홍보해주고 방송 출연까지 한다면 높은 매출을 올릴 수도 있다. 셀링 파워가 있는 인플루언서들은 인스타그램에서 공동구매나 라이브방송을 통해 판매해본 경험이 있기 때문에 확실히 판매가 잘된다. 팔로워 수가 많은 인기 있는 인플루언서가 아니라 판매를 잘하는 인플루언서를 잘 골라서 섭외하는 것이 중요하다.

판매를 잘하는 인플루언서들은 다음과 같은 특징이 있다. 먼저 자신의 이미지 콘셉트와 맞지 않는 상품은 1억 원을 줘도 방송을 하지 않는다. 그리고 방송 중 최저가는 목숨을 걸고 철저히 지킨다. 이렇기 때문에 팬들이 인플루언서를 신뢰하고 구매를 하는 것이다. '바삭하고'라는 고구마칩 라이브커머스 방송을 일반 쇼호스트가 출연하면 매출이 평균 500만 원 정도 나온다. 그런데 인플루언서 11AM의 임여진 대표가 출연하면 매출이 1억 원을 넘기도 한다. 방송 전에 자신의 SNS 팬들에게 홍보를 하면 방송 때 많은 팬들이 와서 임여진 대표를 믿고 구매를 한다. 라이브커머스는 이렇게 출연자의 팬덤이 매출에 큰 영향력을 미친다.

향후 라이브커머스는 팬덤커머스가 될 수 있다. 방송을 통해서 고객과의 관계를 잘 만들어 팬덤을 만들고, 그 팬덤으로 지속적인 매출을 만들 수 있을 것이다.

07
고퀄리티 방송
제작기술 노하우

2019년 라이브커머스 초창기에는 라이브커머스 방송이 저품질 모바일 홈쇼핑 정도로 생각되기도 했다. 네이버쇼핑라이브 초기 대부분의 라이브방송은 스마트폰으로 방송을 진행했다. 그렇기 때문에 모든 방송 품질이 하향 평준화되었다. 신세계라이브쇼핑도 모바일 전용 스튜디오와 전문카메라, 조명, 송출 장비를 가지고도 방송에 활용할 수가 없었다. 2020년부터 네이버가 일부 업체들이 카메라로 방송을 송출할 수 있도록 지원하면서 한 번에 여러 대 카메라로 방송 진행이 가능해졌다.

유튜브도 초기에는 대부분 저품질 개인 영상들이 올라왔지만, 시간이 지나면서 이용자들의 눈높이가 올라가 콘텐츠 품질도 많이 높아졌다. 라이브커머스도 현재는 스마트폰의 저퀄리티 라이브방송이 많지만, 앞으로 여러 대의 전문카메라를 활용한 방송들도 늘어날 것이다. 그리고 방송 전문가들이 제작하는 고품질의 기획프로그램들도 많아질 것이다.

🎙 고퀄러티 방송 제작 8가지 요소

고퀄리티 라이브커머스 방송 제작을 위한 방법을 알아보자. 방송화면 품질에 영향을 미치는 8가지 요소가 있다. 출연자, 장소(스튜디오), 세트 및 소품 DP, 카메라, 조명, CG 자막, 오디오, 송출이다. 이 요소들의 품질을 하나씩 높이면 전체적인 품질을 높일 수 있다. 이 부분은 전문 기술 분야지만, 일반인들도 어느 정도 알고 신경 쓰면 눈에 띄게 품질을 올릴 수 있는 부분도 있다.

첫째, 출연자 부분이다. 출연자는 방송 퀄리티를 높이는 가장 중요한 요소다. 영화도 주연 배우가 누구냐에 따라서 그 영화의 수준이 결정되기도 한다. 출연자를 유명인으로 하고 싶지만 비용의 문제가 있다. 적정한 출연자를 섭외했다는 가정하에 신경 써야 할 부분은 헤어, 메이크업과 의상이다. 라이브커머스 출연자의 헤어메이크업 의상은 출연자 본인들이 직접하고 오는 경우도 많다. 이런 경우 비용 절감과 출연자가 평소에 자신의 스타일대로 하고 오기 때문에 시각적으로 무난한 편이다. 다만 2명 이상의 출연자를 섭외했을 때는 메이크업이 서로 다르면 화면상 메이크업이 조화롭지 않을 수 있어서 신경을 써야 한다.

메이크업도 담당자에 따라 스타일이 많이 다를 수 있다. 방송계통에서 헤어메이크업을 많이 하신 분들은 방송 스타일로 좀 과하게 하는 경우들이 많다. 모바일 라이브방송에는 과하면 어색해보일 수 있기 때문에 메이크업은 최대한 자연스럽게 하는 것이 좋다.

의상의 퀄리티가 출연자 이미지 퀄리티에 많은 영향을 끼친다. 의상만 가지고도 방송의 콘셉트를 만들 수 있다. 예를 들어

한복만 입어도 명절 분위기를 만들 수 있고 백설공주 옷을 입으면 어린이 상품 판매 분위기를 만들 수 있다. 의상은 방송 퀄리티와 방송 콘셉트를 만들 수 있는 쉽고 좋은 방법이다.

화면의 70%는 출연자가 차지한다. 출연자를 최대한 예쁘고 멋있게 만들어줘야 방송도 그만큼 멋지고 퀄리티 있게 보일 수 있다.

둘째, 방송장소가 중요하다. 영상화면은 출연자와 장소가 전부라고 해도 과언이 아니다. 누가 어디서 뭘 하는지 보여주는 것이기 때문에 장소의 퀄리티가 중요하다. 라이브커머스는 보통 실내 스튜디오이거나 외부 야외 장소로 나눌 수 있다. 두 장소 모두 장단점이 있다. 실내 스튜디오는 세트와 조명을 잘 활용하면, 출연자도 상품도 예쁘게 잘 보이고 안정적인 방송 진행이 가능하다. 하지만 큰 변화를 주기 쉽지 않아 다소 지루할 수 있다.

외부 야외 장소는 방송에 현장감을 리얼하게 줄 수 있어 좋다. 하지만 인터넷 속도, 날씨 등 여러 돌발 변수들이 많아 방송 진행이 불안정할 수 있다. 방송 상품의 특성에 따라 실내 스튜디오나 야외 현장 중 알맞게 선택하면 된다.

보통 소상공인들은 전용 스튜디오를 구축하기 어렵다. 그래서 빈 사무실을 많이 활용하기도 한다. 사무실 스튜디오 배경은 매번 바꿀 수 없기 때문에 방송이 매번 비슷해서 지루할 수 있다. 이 부분에 도움이 될 만한 팁을 드리겠다. 라이브커머스 방송 배경은 생각보다 크지 않다. 1명 또는 2명 출연자의 뒷배경만 잘 준비하면 된다.

PD가 방송을 연출하다 보면 여러 상황의 세트들이 필요한데,

이를 실제로 만들기에는 많은 시간과 비용이 필요하다. 그래서 프린트 현수막 활용 방법을 추천한다. 거실 배경 이미지, 주방 배경 이미지, 야외 이미지. 전통 한옥 이미지 등 방송에 사용하고 싶은 배경 이미지를 현수막에 프린트해서 준비했다가 스튜디오 뒷배경에 붙여서 사용하면 된다. 이 방법은 생각보다 화면에 자연스럽다. 무대세트로 고민하시는 PD들께 추천해드린다.

셋째, 소품 및 상품 디스플레이DP다. 작은 차이가 명품을 만드는 것처럼 작은 소품 하나, 예쁜 상품 디스플레이가 방송 화면 퀄리티를 높여준다. 홈쇼핑이나 라이브커머스에서 상품 진열 등을 예쁘게 세팅하는 것을 디스플레이, 즉 DP라고 한다. 같은 상품이더라도 어떻게 진열하느냐에 따라 제품 퀄리티가 다르게 보이기도 한다. 상품 구성이 쉽게 보이고 좀 더 고급스럽고 예쁘게 보이는 노하우가 필요하다.

라이브커머스 방송의 주인공은 상품이고, 이 상품이 예쁘게 보여야 매출에도 영향을 줄 수 있다. 작은 차이지만 식품 방송에서 사용하는 그릇이나 주방용품들 퀄리티도 신경을 쓰면 좀 더 방송 퀄리티를 올릴 수 있다.

넷째, 전문카메라로 잘 보여줘라. 일반 스마트폰 1대로 방송을 하면 현장감은 살릴 수 있지만, 상품을 자세히 보여주거나 예쁘게 보여주기 어렵다. 홈쇼핑은 평균적으로 3~4개 정도의 전문카메라를 사용한다. 방송 중에 PD는 쇼호스트 멘트에 맞게 카메라로 찍은 여러 화면을 적재적소에 보여줄 수 있다. 라이브커머스도 최소한 2~3대 카메라를 가지고 방송을 해야 상품을 타이트하게 자세히 보여줄 수 있다.

고가의 전문 방송 카메라를 쓰면 좋겠지만, 작은 스마트폰 화면으로 보는 라이브커머스 방송에서 큰 차이를 느끼기 어려울 수 있다. 사용하기 어려운 고가의 전문 카메라보다는 누구나 사용하기 편리한 캠코더가 라이브커머스 방송에 적합하다.

캠코더의 오토 기능을 잘 활용하면 촬영하기도 편하고, 안정적인 고품질 화면을 보여줄 수 있다. 카메라도 중요하지만, 카메라 트라이포트(삼각대)에 비용을 투자하기를 추천한다. 카메라가 아무리 좋아도 트라이포트(삼각대)가 좋지 않으면 카메라 화면 움직임이 부자연스러워 화면 퀄리티가 떨어져 보인다. 트라이포트는 직접 움직여보고 부드러운 제품을 사야 한다. 좀 비싸더라도 방송을 오래 하려면 트라이포트에 투자하길 추천한다.

다섯째, 방송 화면 퀄리티를 높이려면 조명에 투자해라. 연예인 중에서 조명을 잘 아는 분들은 간단한 인터뷰를 할 때도 무조건 조명이 있어야만 인터뷰해주는 분들도 있다. 조명이 있고, 없고는 화면에 많은 차이가 난다. 방송을 하는데 조명이 없다면 실제로 볼 때보다 인물도, 상품들도 더 안 예쁘게 나온다. 조명을 어떻게 하냐에 따라서 방송 화면의 퀄리티가 달라진다. 방송에서 프로와 아마추어로 나뉘는 부분이 조명일 것이다. 특히 뷰티상품 방송 같은 경우는 조명이 매우 중요하다.

인물에 조명을 잘 해줘야 피부톤이 예쁘게 보이고, 제품의 기능 장면을 효과적으로 보여줄 수 있다. 전문 인력이 없어서 TV방송처럼 프로페셔널하게 할 수는 없더라도 기본 3개 LED 조명 정도는 구입해서 활용해야 한다. 전체적으로 스튜디오를 밝게 해주는 베이스 조명, 인물을 살려주는 스포트라이트 인물 조명, 제품을 살려주는 제품 조명 정도가 있어야 한다. 방송을 통해서 실제 제품보다 더 예쁘게 보여야 방송의 의미가 있다. 방송 화면 퀄리티에 투자를 해야 한다면 먼저 조명부터 투자하기를 권한다.

여섯째, CG 퀄리티는 방송 감각의 수준을 보여준다. 한국 예능방송에서 CG자막의 힘은 절대적이다. 평범한 영상도 자막을 어떻게 입히느냐에 따라서 완전 다른 영상이 되기도 한다. 애플을 만들었던 스티브 잡스Steve Jobs도 폰트에 집착했다. 제품에 어떤 폰트를 쓰냐에 따라 미묘한 느낌이 달라진다.

라이브커머스 방송에서 CG를 많이 사용하지는 않지만, 감각적인 CG자막은 영상 자체의 퀄리티를 높인다. 기본적인 상품 구성과 가격을 보여주는 전면 자막이나 방송 타이틀 자막들은 폰트나 이미지 색깔들을 통일성 있게 가져가는 것이 좋다. CG자막을 통해서 고객들에게도 상품설명을 쉽고 빠르게 전달할 수 있다.

일곱째, 오디오에 신경 써라. 보통 라이브커머스 방송 초보자들이 가장 많이 내는 사고가 오디오 사고다. 방송 전에 오디오 체크를 하지 않으면, 무선마이크가 꺼져 있어서 목소리가 안 들리거나 소리가 너무 작게 세팅되어 있어서 잘 들리지 않는 경우들이 있다. 오디오, 마이크는 전문가가 아니고서는 디테일하게 콘트롤하기 어렵지만, 소리가 나는지는 확인을 꼭 해야 한다.

출연자가 2명 이상일 때는 가능하면 개별 무선마이크를 꼭 사용해야 한다. 각각의 출연자 목소리가 잘 나오려면 필요하다. 방송의 기본 퀄리티를 높이기 위해서는 2개 이상의 무선마이크와 오디오 콘솔을 운영하길 추천한다.

그리고 좀 더 욕심을 낸다면 배경음악을 사용하는 것도 좋다. 저작권 이슈로 아무 음악이나 틀 수는 없다. 하지만 연간 저작권 무료 음원사이트들이 있어서 잘 찾아보면 저렴하게 음악을 상업적으로 활용할 수 있다.

여덟째, 송출 부분이다. 몇 년 전까지만 해도 웬만한 라이브 송출장비는 수천만 원이었다. 그러나 최근에는 몇백만 원 수준으로 가격이 많이 내려갔고, 전용 송출장비 대신에 노트북에 송출 프로그램을 깔아서 사용하기도 한다.

아무리 방송을 퀄리티 있게 만들어도 송출이 제대로 되지 않으면 아무 소용이 없다. 안정적인 송출은 송출 장비 및 프로그램 세팅, 그리고 통신속도가 중요하다. 라이브송출을 위해서는 전용 인터넷망을 별도로 운영하기를 추천한다. 우리나라는 초고속 인터넷이 잘되어 있어서 웬만해서는 큰 문제는 없지만, 공용으로 사용하는 인터넷망은 송출 중에 사고가 발생할 수도 있다.

예산이 넉넉하다면 전담 PD가 전문 기술 스태프를 데리고 라이브방송 퀄리티를 높일 수 있을 것이다. 그러나 대부분은 라이브커머스 제작 플레이어들은 예산이 넉넉하지 않다. 앞서 언급했던 퀄리티 부분들은 상황에 맞게 점차 높여가면 될 것이다. 10년 전 홈쇼핑 PD 시절, 외부 야외 현장에서 라이브방송을 진

모바일 라이브커머스 스튜디오

출처 : 신세계라이브쇼핑

행하려면 중계차와 발전차를 대여하고, 외부 카메라 조명 스태프들을 부르고, 무대세트를 만들고, 송출 인터넷망을 별도 구축해야 했다. 하루 방송하는 데 수천만 원의 비용이 들었다. 그런데 지금은 외부 야외에서 라이브방송을 하는데 카메라와 노트북, 무선통신장비만 있으면 언제든 큰 비용 없이 방송이 가능한 시대가 되었다. 앞으로 카메라, 조명장비도 기술적으로 더 좋아지고 가격이 내려갈 것이다. 그러면 좀 더 적은 비용으로 고퀄리티 라이브방송을 진행할 수 있을 것이다.

08
방송심의
어렵지 않아요!

미디어는 영향력이 크기 때문에 정부에서 여러 기관들을 통해 방송심의를 관리한다. 특히 TV 홈쇼핑 방송 같은 경우는 모든 라이브방송을 실시간으로 모니터링하면서 심의를 하고 있다. 현재 모바일 라이브커머스 시장은 초기 단계이고, 유튜브처럼 불특정 다수가 하루에도 수백 개 이상의 방송을 진행하고 있다. 정부도 물리적으로 이 모든 모바일 라이브커머스 방송을 실시간 모니터링하면서 심의하기는 어려운 상황이다.

아직 법적으로도 심의 규제 내용들이 명확히 하지 않아서 이 부분은 시간이 좀 걸릴 것 같다. 다만 라이브커머스 방송을 통해서 소비자들이 피해를 볼 수 있기 때문에 현재 정부는 일부 대형 라이브커머스 플랫폼사를 중심으로 모니터링을 하고 있다고 한다.

아직 완전한 유통 산업으로서 성장하기 전이기 때문에 아직까지는 적극적 규제는 하고 있지는 않다. 그러나 정부 규제 유무를 떠나서 모바일 라이브커머스가 고객들에게 신뢰를 얻고 발전하기 위해서는 스스로 자정 작업은 필요하다.

　방송심의 규정은 상황에 따라 복잡하고 어려운 것 같지만 쉽게 요약하면, 방송 중에 거짓말을 하지 말고 나쁜 말을 하지 말라는 것이다. 이것만 하지 않으면 큰 틀에서 심의 문제는 별로 없을 것이다. 방송 중 기본적으로 꼭 지켜야 할 부분만 기존 TV 홈쇼핑 방송의 심의 기준으로 알아보겠다.

　첫째, 거짓말하지 마라.

　방송심의의 가장 많은 문제 사례 상품은 건강기능식품과 기능성 뷰티상품들이다. 방송 중 이런 상품의 효용 및 기능에 관해 이야기할 때는 객관적인 자료로 확실히 검증받은 부분만 해야 한다. 고객들의 건강에 영향을 줄 수 있기 때문에 과장하거나 거짓으로 이야기하면 절대 안 된다. 기능성 상품들을 방송할 때는 다음 사항들을 주의해야 한다.

1. 기능 관련 광고 표시 인증된 부분만 이야기해야 한다

　치료, 예방 등 의학적 효능 오인 표현은 불가하다. 식품은 약이 아니기 때문에 약처럼 팔아서는 안된다. 예를 들어 다음 몇 가지 위반사례들을 확인해보자.

> **식품표시광고법 위반 예시**
>
> **석류즙** : 질병 예방 및 치료 효능이 있는 것으로 오인
> 석류즙 방송에서 석류즙이 갱년기 증상, 혈액순환 장애, 빠른 노화와 치매예방 등에 효과가 있다고 멘트를 했다. 석류즙은 의약품이 아니고 일반식품이다. 일반 식품을 마치 만병통치 의약품처럼 이야기하는 것은 심각한 심의 위반사례다.

2. 검증할 수 없는 최상급 표현은 지양해야 한다

방송 시 최고, 최초, 유일이라는 표현들을 쓰게 되는 경우가 있다. 세계 최고라는 표현을 위해서는 세계 모든 상품을 비교해서 자료로 제출해야 하는데, 이는 불가능에 가깝다. 일상에서는 흔하게 쓸 수 있는 표현이지만, 방송 중에는 이런 표현은 굉장히 위험할 수 있다.

그리고 건강기능식품을 네이버쇼핑라이브 방송을 하기 위해서는 건강식품 사전 광고심의를 받아야 한다. 방송 자막 내용과 주요 상품설명 표현들을 적어서 건강식품 광고심의를 받아서 방송 전에 네이버에 제출해야 라이브방송 진행이 가능하다.

둘째, 나쁜 말을 하지 마라.

라이브커머스 방송은 모바일에서 누구나 볼 수 있기 때문에 불특정 다수에게 영향을 줄 수 있다. 그래서 방송의 공공성을 저해하는 나쁜 말은 조심해야 한다. 복잡하고 어려운 심의를 지키는 가장 쉬운 방법은 방송할 때마다 내 아이가 내 가족이 방송을 보고 있다고 생각하며 하는 것이다.

사회적 통념에 저해되는 저속한 표현들

- 특정 성을 비하하거나 성 역할 고정관념을 조장하는 표현
(예) 남편한테 잘 보이려 명절에 일하느라 고생하신 며느님들

- 고가 제품 등을 강조해서 사회적 위화감을 느끼게 하는 표현
(예) 10억 원짜리 아파트에는 이런 상품이 어울립니다.

- 특정 국가를 비하 비방하는 표현
(예) 짱깨들, 쪽바리들 등

- 특정 정당을 옹호하는 정치편향적 표현
(예) ○○정당 대표님이 좋아하는 상품인데 우리가 사줘야 하지 않겠습니까?

- 욕설, 은어, 속어, 불필요한 외래어 등
(예) 불쾌감을 줄 수 있는 욕설이나 특정 계층만 아는 은어, 속어들

- 폭력성, 혐오감, 공포감을 유발하는 표현
(예) 이 음식은 몽둥이로 많이 때려야 맛있죠?

- 성적인 표현, 성범죄를 묘사하거나 선정적인 표현들
(예) 이것만 드시면 밤마다 여자들이 줄을 섭니다.

추가로 다른 사람에게 피해를 줄 수 있는 부분에 신경을 써야한다. 최근 콘텐츠 제작 시 저작권, 초상권 이슈들이 많이 대두가 되고 있다. 라이브커머스도 이런 부분에서 자유로울 수 없다. 방송 중에 사용되는 영상, 이미지, 폰트, 음원 등은 저작권에 문제가 없어야 사용할 수 있다. 방송을 좀 더 멋지게 해보려고 인터넷에서 무단으로 다운받은 이미지나 음원 등을 사용했다가 저작권 문제로 고소를 당하는 사례들이 늘어나고 있다. 무료로 사용하는 폰트나 음원들도 상업적 목적으로는 사용할 수 없는 것들이 있으니 확인해야 한다.

방송 때 이미지나 음원을 많이 사용한다면 연간 서비스 이용료를 내고 저작권 문제없이 사용할 수 있는 이미지나 음원을 제공하는 업체들을 이용하는 방법도 추천한다. 라이브커머스 방송도 저작권으로 보호받을 수 있는 것처럼 다른 사람의 저작권도 존중을 해야 한다.

추가로 아동 청소년보호법이 강화되면서 광고나 라이브커머스 방송에 아동 출연이 제한되는 경우가 있다. 아동(14세 미만), 청소년(19세 미만)은 밤 10시~새벽 6시까지 심야 시간에 방송 출연을 할 수 없다. 기본적으로 아동, 청소년이 직접 상품을 소개하거나 판매하지 못한다. 아동 관련 상품 방송을 할 때 이 부분을 꼭 확인해야 한다.

라이브커머스 방송이 고객들에게 신뢰를 얻고, 장기적으로 발전하기 위해서는 정부의 규제를 떠나서 심의를 준수해야 한다. 앞서 언급한 최소한의 심의 내용은 모바일 라이브커머스를 하는 모든 분이 알고 지켜주셨으면 좋겠다.

09

채팅 소통으로
고객을 가족으로 만들어라

라이브커머스 방송과 TV홈쇼핑 방송의 가장 큰 차이점은 양방향 소통이 가능하다는 점일 것이다. TV 같은 매스미디어는 시청자에게 일방적으로 정보를 전달한다. 그러나 개인화 디지털 미디어인 모바일의 라이브커머스 방송은 채팅 기능을 통해 출연자와 시청자가 서로 실시간 소통을 할 수 있다. 라이브커머스는 이 새로운 소통 기능을 판매방송에 어떻게 활용하느냐가 중요하다. 소통을 잘하면 고객과 친근감을 만들고, 친근감은 신뢰로 이어져서 구매율을 높일 수 있다.

최근에 네이버쇼핑라이브 방송을 보다가 충격을 받은 적이 있다. 출연자가 라이브방송을 시작하고 10분 동안 "안녕하세요. ○○○님" 이렇게 인사만 하는 것이다. 라이브커머스 방송에서 초반 10분은 매출을 위해 정말 중요한 시간이다. 이렇게 중요한 시간에 어떤 상품을 파는지조차 이야기하지 않았다. 홈쇼핑 PD로서는 이해할 수 없는 일이다.

그런데 자세히 보니 단순한 인사가 아니라 고객 한 사람 한 사람 아이디와 이름을 부르면서 안부를 묻는 것이었다. "○○○님 지난주에 아이가 아파서 병원에 가셨는데 지금은 어떠세요?", "○○○언니! 주말에 제주도 여행은 잘 다녀왔어요?" 등등 각각의 고객과 개인적으로 친구처럼, 가족처럼 이야기를 나눴다. 출연자가 각 고객들의 이름을 불러주고 안부를 물어주면서 판매자와 고객의 관계가 아니라 친한 언니와 동생 같은 관계가 된다. 이런 관계로 신뢰가 쌓이면 어떤 상품을 추천해도 믿고 살 수 있게 되는 것이다.

라이브커머스 시청자들은 대부분 개인화 미디어인 모바일을 통해서 방송을 시청한다. 그래서 시청자들은 방송 출연자와 1:1 화상채팅을 하는 것처럼 느낄 수 있고, 채팅을 통해서 개인적인 커뮤니케이션을 하기도 한다. 고객이 라이브커머스를 통해서 얻는 재미는 원하던 상품을 싼 가격에 구매하는 것도 있겠지만, 방송 출연자가 자신을 알아주고 소통해줄 때 더 큰 재미를 느낄 수 있다. 이것이 라이브커머스를 찾아보는 이유가 될 수도 있다. 이런 소통을 통한 재미가 신뢰를 쌓고 구매로 이어지게 된다.

모바일 라이브방송의 핵심은 채팅을 통한 시청자와의 소통이다. 국내에서 아프리카TV가 급격히 성장한 이유 중의 하나가 이 채팅 소통의 활성화일 것이다.

예전에 개인적으로 알고 지내던 아프리카 BJ에게 시청자들이 '별풍선'을 구입해서 주는 이유를 물어본 적이 있다. 그때는 개인적으로 별풍선 비즈니스 모델이 전혀 이해가 가지 않았을 때였다. 그 BJ는 이렇게 이야기했다.

"우리가 모르는 사람에게 10만 원을 주지는 않지만, 친동생이나 조카들에게는 10만 원 용돈을 주기도 하잖아요. 제 팬들은 저를 자기 가족처럼 생각해주세요. 그래서 친동생 용돈을 주듯이 별풍선을 쏴주는 거예요".

이 말을 듣고 이제는 별풍선 비즈니스 모델이 조금은 이해가 간다. 출연자가 오랜 시간 꾸준하게 방송과 소통을 통해 형성한 가족 같은 신뢰 관계, 즉 팬덤이 핵심이다. 인스타그램에서 많이 하는 인플루언서 공동구매도 이와 비슷한 구조라고 할 수 있다.

라이브커머스 방송도 채팅 소통 및 관리가 중요하다. 방송 중 채팅은 양날의 검이 될 수 있다. 좋은 신뢰 관계가 형성된 고객들은 다른 고객들의 구매를 도와주며 매출을 더 확대해주기도 한다. 반면 악의적인 고객들은 채팅을 통해 비방과 욕설을 하며 판매 활동을 방해하기도 한다. 욕설을 못 쓰도록 시스템적으로 막을 수도 있지만, 그것이 해결방안은 아니다. 고객 질문에 대한 빠르고 적절한 채팅 대응이 중요하다. 채팅 대응을 잘해서 고객들을 우리 편으로 만들고, 안티 고객이 되어서 공격하기 전에 빠르게 막아야 한다.

라이브방송 중에 적절한 양의 채팅은 대응이 어느 정도 가능하지만, 너무 많은 글이 올라오면 물리적으로 모두 답변을 할 수가 없다. 그럴 때는 중복되는 질문 하나를 골라 질문한 사람에게 개인적으로 최대한 집중해서 답변을 해주면 된다. 여러 개를 대충 답변하는 것보다 하나를 최선을 다해 진심으로 답변해주는 것이 다른 고객들에게도 좋은 반응을 준다.

라이브 채팅 대응에 관한 몇 가지 노하우 팁을 알려드리겠다.

첫째, 고객 아이디를 불러줘라. 인사를 할 때도 가능하면 아이디를 읽어주고 인사를 해라. 고객들은 자신의 아이디를 읽어주는 순간, 마음 문이 열리고 출연자와 친구가 된다. 특히 자주 오는 단골고객들에게는 꼭 아이디를 불러주고 친근하게 인사를 해줘야 한다. 단골고객 관리가 중요하다. 판매를 위해 시간을 써야 하지만, 고객 아이디를 불러주고 인사하는 시간은 장기적으로 팬덤을 만들기 위해 매우 중요한 시간이다.

둘째, 공식적인 딱딱한 말투가 아니라 친한 언니나 친한 형에게 존댓말로 카톡 하듯이 하면 좋을 것 같다. 다만 채팅은 글로 진행되기 때문에 듣는 고객의 감정에 따라 오해를 불러일으킬 소지가 많다. 그래서 애매한 상황이면 채팅으로 대응하는 것보다 방송 중에 출연자가 말로 대답해주는 것이 좋을 수 있다.

셋째, 물건을 팔려고 푸시하지 말고 관계를 형성하기 위해 노력해라. 매출을 올리고 싶은 급한 마음 때문에 채팅을 통해서 상품 프로모션만 계속 강조하는 경우가 있다. 그러면 채팅이 소통 창구가 아니라 프로모션 공지 기능만 하게 되고 팬덤을 형성할 수 없다. 채팅은 고객들의 궁금증을 해결해주고 관계를 형성하는 방향으로 진행해야 한다.

고객들과 출연자를 연결시켜주는 끈이자 고객이 자신의 의견을 표현할 수 있는 유일한 곳이 채팅창이다. 고객들은 채팅창을 통해서 원하는 정보를 얻거나 출연자와 방송에 실제 영향을 끼치는 경험들을 하게 되면 큰 재미를 느낄 것이다. 고객이 느끼는 이 재미가 라이브커머스의 강력한 무기다.

라이브커머스 방송을 해보면 준비한 내용을 방송 중에 보여주는 데에도 정신없이 바쁘다. 이런 상황에서 채팅까지 대응하기란 어려운 일이다. 그러나 라이브커머스를 지속적으로 계속하기 위해서는 꼭 필요한 일이다. 방송에서 상품설명을 더하려는 시간을 조금 줄여서라도 채팅을 통해 고객과 소통하는 시간을 늘리고 이 부분을 절대 쉽게 지나쳐서는 안 될 것이다.

출처 : 카카오쇼핑라이브

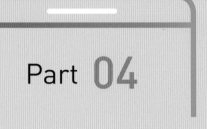

Part 04

라이브커머스 마케팅의
핵심은 타깃팅!

01

먼저 모바일 마케팅의
기본을 배우자

모바일 마케팅은 불과 몇 년 전만 해도 기업에서는 그렇게 중요한 핵심 마케팅 전략이 아니었다. 하지만 지금은 모든 회사가 이 모바일 마케팅 전략을 통해 고객관리를 하고 있다. 다양한 프로모션을 추진하고 있으며, 더욱 충성도 높은 고객을 창출하는 핵심 전략으로 활용하고 있다. 이어서 설명할 라이브커머스 마케팅과 타깃팅을 이해하기 위해서는 모바일 마케팅의 기본 개념을 먼저 이해해야 한다.

모바일 마케팅이란 고객을 확대하거나 신규고객을 창출하고, 고객에게 상품구매유도, 메시지나 이벤트, 각종 정보를 전달하기 위해 카카오톡 같은 모바일 앱, 메시지 앱이나 SMS(단문 문자메시지) 및 LMS Long Message Service(장문 문자메시지), MMS Multimedia Message Service(멀티미디어 첨부가 가능한 메시지), 모바일에 최적화된 브라우저 사이트 등 다양한 모바일 채널을 활용하는 마케팅전략이다. 최근에는 카카오톡이 커뮤니케이션을 대표하는 대

중^{Public} 메신저로 쓰이면서 예전에 많이 쓰이던 SMS나 MMS는 상대적으로 많이 쓰이지 않고 있다.

LMS 문자 예시와 카카오톡 앱푸시 예시

출처 : 신세계라이브쇼핑

　이러한 각종 정보, 메시지를 전달하는 목적은 크게 2가지다. 첫 번째는 고객확보이고, 두 번째는 상품구매 유도 및 다양한 이벤트, 정보 제공이다.

　먼저, 고객확보는 신규고객을 창출하거나 기존고객 재구매를 유도하는 2가지 방향으로 진행하게 된다. 대부분의 방법은 다양한 앱이나 웹사이트에 자사의 이벤트, 프로모션 내용을 배너광고나 앱푸시를 통해 자사 앱이나 웹으로 랜딩을 유도해서 가입회원으로 만들거나 재방문을 유도하는 방법이다.

　이렇게 자사 앱으로 고객 랜딩을 유도하기 위해서 '후킹'한 이벤트나 프로모션을 통해 배너, 검색 광고나 앱푸시를 만든다.

진짜 전문가가 알려주는 **대한민국 모바일 라이브커머스**

낚시질을 뜻하는 후킹은 고객 마음을 사로잡다 또는 고객에게 작업한다라는 말이다. 유튜버가 고객을 끌어들이기 위해 만드는 후킹한 모든 요소가 총결집된 유튜브 썸네일을 이해하면 빠를 것이다.

두 번째는 앱푸시나 배너광고를 통해 자사 몰에서 진행되는 주요 상품구매 이벤트나 프로모션 정보를 제공하고, 자신의 앱페이지로 랜딩이나 구매를 유도하는 것이다. 두 개의 방식이 어차피 고객확보라는 목적에서는 동일한 영향력을 가지지만, 배너 광고의 디자인이나 텍스트에서 많은 차이가 있다.

네이버쇼핑라이브 빅 배너　　카카오쇼핑라이브 상단 배너

이러한 마케팅 과정을 직접 진행하는 회사도 있지만, 대부분 다양한 마케팅 대행사를 통해 운영하고 있다. 자체적으로 비용절감 차원에서 대행을 맡길 수도 있다. 하지만 모바일 마케팅 전략의 핵심인 CRM 마케팅의 노하우를 축적할 수 있는 기회를 놓칠 수 있다는 아쉬움이 있다.

네이버쇼핑라이브 방송 알림　　라이브방송 카카오 알림톡

다양한 모바일 마케팅 사례

　먼저, 모바일 마케팅을 효과적으로 활용하려면 CRM마케팅의 기본인 고객을 잘 알고 분석해야 한다. 옛 고사성어에 지피지기면 백전백승이라는 말이 있다. 적을 알고 나를 알면 백전백승이라는 말인데, 이 고사성어를 '지고객(知顧客)은 백전백승'이라고 바꿔 부르고 싶다. 고객을 알아야 한다. 모바일 마케팅의 시작과 끝은 고객이 어떤 사람들인지 알고 분석해야 하고, 특히 무엇을 원하는지 그것이 니즈^{Needs}인지, 원츠^{Wants}인지를 분명히 이해해야 한다.

　모바일 마케팅은 그래서 고객이 누구인지 분석하고, 고객의 온라인상에서의 동선은 어떻게 되는지를 파악하고, 고객이 그다음에 어떤 것을 원하고 어떻게 행동할지를 예측해야 하며, 고객을 알기 위한 고객 분석도 세분화해서 정밀하게 타깃팅되어야 한다.

　이를 위한 모바일 마케팅의 핵심인 CRM 마케팅은 자사몰 회원 대상으로 진행하는 마케팅으로, 고객들이 '어떻게 하면 더 많이 우리의 상품과 온라인 서비스를 이용하고, 돈을 지불하게 할까?'를 분석하고 실행하는 영역이라고 할 수 있다.

즉, 고객과 자사 브랜드의 멤버십 회원이라는 관계를 구축하고, 자사 상품과 정보 서비스를 지속적으로 고객이 활용할 수 있도록 활성화하게 만드는 전반적인 영역이 CRM 마케팅이다. 그래서 CRM 마케팅은 기존 고객들의 유인부터 재방문, 구매까지를 담당하는 굉장히 넓은 영역이다.

이러한 CRM 마케팅은 최근 이커머스 시장의 치열한 경쟁으로 광고비용이 증가하는 상황에서도 마케팅 비용을 줄이고 동시에 이익과 매출은 올리고, 기존 고객들 대상으로 더 많은 가치를 창출할 수 있어 핵심 모바일 마케팅 전략으로 자리 잡고 있다.

모바일 마케팅의 장점은 다른 마케팅 비용보다 저렴하게 운영할 수 있으며, 실시간으로 고객분석을 통해 고객행동에 참여하고, 상품후기나 댓글을 통해 고객과 커뮤니케이션 할 수 있는 효율적인 접근 방식이다. 브랜드 인지도를 높이고, 홍보하는 것에서부터 충성도 높은 고객에게 신제품이나 기존상품 관련 정보를 알리고 판매하는 것까지 다양한 용도로 활용할 수 있다. 모바일 마케팅이 대세 마케팅으로 자리 잡고 있다.

02

라이브커머스 마케팅은 왜 필요한가 _ 홈쇼핑 마케팅과 비교분석

이제 모바일 마케팅을 이해했으면 라이브커머스 마케팅이 왜 필요한지 본격적으로 설명하기 전에 미디어 영상을 통한 커머스라는 사업 구조가 유사한 홈쇼핑 마케팅과 비교 설명하는 것이 좋을 것 같다.

홈쇼핑 방송은 상품 판매를 위한 라이브를 자체 제작하고, 다양한 케이블 채널에 일정 수수료를 지급하고 송출하는 방식으로 방송을 하고 있다. 종합유선방송사업자 SO System Operator 라고도 불리는 케이블 방송국은 KT올레TV, SK브로드밴드, LGU+, 스카이라이프 등 다수의 방송사업자가 현재 운영 중이다.

이러한 모든 케이블 방송국에 홈쇼핑사들은 일정 수수료를 지급하고 입점을 하게 된다. 예를 들어, 현대홈쇼핑 같은 경우는 KT올레TV에는 채널 10번, SK브로드밴드는 8번과 같이 채널 번호의 중요도에 따라 차등 수수료를 지급하고, 케이블방송국에 방송을 송출하게 된다. 20번대 채널보다는 10번대 채널이 더 영향력이 크며 특히 KBS, MBC, SBS 같은 공중파 채널이 있는 1번대 채널에서는 더 많은 고객들의 채널 선택을 받을 수 있는 기회가 많아서 가장 높은 수수료를 지급하고 있다.

CJ, GS, 롯데, 현대 같은 매출이 높은 메이저 라이브 홈쇼핑사들은 주로 10번 초반대나 5번, 6번, 8번 등의 채널을 가지고 있으며, 티커머스 같은 데이터 홈쇼핑 방송들은 주로 20번, 30번대 채널에 분포되어 있다. 20번대나 30번대 채널은 주로 JTBC, TV조선, 채널A 같은 종편이나 일반 케이블 방송 채널에 위치하기 때문에 1번대 채널보다 낮은 수수료율을 적용받게 된다.

하지만 최근에는 TV조선, JTBC, 채널A 같은 종편 채널의 시청률 상승과 더불어 수수료율도 더 높게 지급하고 있다. 홈쇼핑사들은 더 좋은 자리에 채널을 선점하는 것도 회사 차원의 중요한 비즈니스 전략이어서 채널 분석 및 채널 선점 전략도 마케팅 차원에서 많은 노력을 기울이고 있다. 그럼 왜 이렇게 채널 선점 전략이 중요할까?

이유는 하루 평균 수백만 명에 육박하는 케이블방송국 가입회원들에게 있다. 예를 들어 KT올레 같은 경우 수백만 명의 케이블 채널 가입 회원 수를 가지고 있는데, 하루 방송을 보는 시청자 수백만 명이 그 홈쇼핑 방송의 잠재고객이 될 수 있는 것이다.

대부분의 고객들은 예능, 드라마, 뉴스 등 방송을 보기 위해 리모컨 채널을 돌리다 홈쇼핑 채널을 지나가게 되는데, 홈쇼핑 채널은 재핑 효과를 통해 매출을 올릴 수 있는 확률이 높아지는 것이다.

홈쇼핑은 그래서 고객을 미리 끌어들이기 위한 방송 전 사전 마케팅보다는 그 방송을 본 고객들을 바로 끌어당길 수 있는 충동성 상품 프로모션에 더 집중하게 되는 것이다. 예를 들면 구매 후 즉시 할인이나 덤 프로모션, 추가할인이나, 무이자 할부 등 방송을 보는 고객들을 바로 유혹할 수 있는 MD프로모션을 주로 기획한다.

하지만, 라이브커머스 분야는 네이버나 카카오쇼핑라이브처럼 강력한 트래픽을 가지고 있는 메이저 플랫폼이 아니면 많은 고객들에게 방송을 사전에 알리고 시청지를 확보하기가 쉽지 않다. 현재 어느 라이브커머스 플랫폼이든지 시청고객 1만 명을 넘기는 방송이 흔치 않은 것이 사실이다. 아무리 상품이 싸고 좋아도 콘텐츠가 재미있어도 고객이 그 라이브방송에 관해 모르고, 방송 시간을 알 수 없으면 고객이 시청할 수 없기 때문

라이브커머스와 홈쇼핑 비교

구분	라이브커머스	TV홈쇼핑
전달매체	• 스마트폰/모바일기기	• 아날로그 TV 기반
주된 법적 사업	• 통신 판매업(전자상거래법)	• TV 방송채널사용사업(방송법)
정보전달 방식	• 생방송 • 인플루언서, 판매자 중심	• 생방송 • 쇼호스트 중심
소비자 소통	• 양방향 소통 • 능동적 • 적극적 이용자 대상	• 일방향 소통 • 수동적 • 불특정 다수 대상
주문 방식	• 모바일 쇼핑과 동일 • 간편결제, 카드, 폰빌 등	• ARS, 상담원 전화
사업의 법적 요건	• 신고(통신판매업)	• 승인(5년마다 재승인)
판매수수료	• 낮음	• 높음
송출장비	• 스마트폰+스튜디오, 방송장비	• 스튜디오, 방송장비

에 아무 소용이 없다.

그래서 라이브커머스 마케팅의 2가지 핵심은 먼저 그 방송 상품 및 라이브일정을 많은 고객에게 사전에 알리는 방법을 찾고 실행하는 것, 두 번째는 많은 고객들 중에서도 그 물건을 살 만한 고객들을 미리 선별적으로 골라 타깃팅하는 것이다.

반려견을 키우지도 않는 고객에게 반려견 상품을 파격가로 하는 방송을 보라고 한들 무슨 소용이 있겠는가? 이 질문에 대한 답을 찾는 것이 바로 라이브커머스 마케팅의 핵심이다.

홈쇼핑은 불특정 다수의 고객을 대상으로 한 방송이고, 라이브커머스는 CRM 마케팅 시스템을 갖추고 타깃고객을 찾아 선별적으로 타깃팅이 가능한 방송이다. 고객의 구매 데이터를 확보하고 분석해 상품에 맞는 타깃고객을 세팅한다. 이렇게 분석한 잠재 고객 대상 관련성을 파악한 후 이를 라이브커머스에 연결해 최적의 타깃고객에게 적합한 방송을 제공하는 것이다. 이것이 라이브커머스 마케팅의 핵심이다.

03

고객 세분화와
타깃팅을 통한 앱푸시

라이브커머스 마케팅의 기본은 고객 세분화를 통해 고객을 타깃팅하고, 그 고객을 대상으로 상품과 서비스를 판매하는 것을 말한다. 여기서 말하는 고객 세분화(세그먼트)는 고객을 연령, 성별 등의 인구 통계학적 데이터나 고객 성향, 참여 특성, 라이프 스타일, 삶의 수준에 따라 그룹화하는 것을 말한다.

예를 들면, 패션이나 뷰티, 음식이나 스포츠에 관심이 있는지, 그리고 여러 유형의 라이프 스타일 정보도 고려, 그들의 연봉은 얼마나 되고 그들의 직업은 무엇이며, 얼마나 많은 친구, 가족과 커뮤니티 네트워크가 있는지 등이 포함되며, 타깃을 잘 활용할 수 있도록 다양한 목적으로 고객을 공통 특성이 있는 그룹으로 분류하는 것을 말한다.

라이브커머스 마케팅에서 고객 세분화의 중요성은 여러 번 강조해도 지나치지 않는다. 고객의 경험을 이해하고, 고객이 어디에서 무슨 물건을 찾고 무엇에 흥미를 느끼고, 고객이 어느 앱

사이트를 좋아하는지 무슨 상품을 좋아하는지, 특히 모바일이나 온라인선상에서 고객의 동선을 파악하는 것이 라이브커머스 마케팅에서 핵심이다.

예를 들면, 얼마 전 스탠리라는 캠핑 매니아들이 열광하는 캠핑용품을 라이브했는데, 이러한 방송은 특히 고객 세분화가 중요하다. 캠핑용품을 잘모르는 40, 50대 여성이나 50, 60대 남성한테 아무리 좋은 캠핑제품을 싸게 판다고 광고하는 것은 아무 소용이 없기 때문이다.

스탠리 같은 캠핑용품의 타깃 마케팅을 위해서는 2가지 방향으로 세분화를 설계한다. 첫째, 캠핑용품을 좋아할 만한 연령대와 성별인지 둘째, 캠핑용품을 구매한 적이 있는지 캠핑용품 관련 정보를 검색한 적이 있는지 캠핑 커뮤니티 회원이거나 방문한 적이 있는지 등 고객의 캠핑용품에 대한 관심 유무와 온라인상에서의 고객 동선을 파악한다.

고객 세분화(세그먼트)가 중요한 이유는 고객 세분화를 통해 개인화된 고객경험을 제공하거나 고객이 관심 있어 하는 콘텐츠 또는 제품 관련 사항을 제공해서 고객을 효과적으로 타깃팅할 수 있기 때문이다.

또한, 개인화 시대에는 고객의 동선상에서 고객이 선호하는 브랜드나 상품과 그룹화 할 수 있는 특정 고객층을 갖는 것은 중요하기 때문이다. 특히 코로나19와 개인화 시대에는 고객 경험이 매우 높은 수준의 마케팅 지표로 활용될 수 있다.

이렇게 고객 세분화 분석과 타깃팅이 끝나면 라이브커머스 마케팅에서 적중률이 좋고 구매전환율도 높은 앱푸시 알림을 진행하게 된다. 앱푸시 알림은 고객의 핸드폰이나 브랜드 앱이 보내는 직접 실시간 광고다. 모바일 유통사는 푸시 메시지를 사용해서 상품, 서비스, 각종 정보를 보내 고객의 관심을 끌고 자사의 앱으로 유인할 수 있다.

라이브커머스에서 다양한 마케팅 프로모션 전략을 활용하고 있지만, 실시간 라이브커머스 프로모션 중에 가장 높은 매출 전환율과 성과를 내고 있는 것은 단연 앱푸시다. 라이브 특성상 많은 고객들의 관심을 일시에 끌어올 수 있는 장점을 앱푸시만이 가지고 있기 때문이다.

카카오쇼핑라이브, 신세계라이브쇼핑 카카오톡 앱푸시

푸시 알림은 앱의 기본으로 먼저 푸시 알림과 SMS 알림을 구분하는 것이 중요하다. 푸시 알림은 앱 도메인에 적용되기 때문에 다양한 방식으로 활용할 수 있어서 높은 효율을 올릴 수 있

다는 장점이 있다. 카카오톡의 앱푸시 메시지는 고객이 클릭하면 그 라이브 시간대 말고도 언제든 랜딩 메인페이지로 들어와 물건을 구매할 수 있도록 연결되어 있고, 다수의 메시지 정보를 한 번에 보낼 수 있다.

이러한 푸시 알림은 발송 횟수에 대한 많은 제한이 있지만, 많은 쇼핑몰이 그 기준을 따르지는 않는다. 하지만 고려할 사항은 대부분의 고객들이 다양한 앱 프로그램 수십 개를 모바일에 가지고 있으며, 고객은 여러 종류의 푸시알림을 받고 있다는 점이다.

그래서, 가장 좋은 앱푸시 알림 방법 중 하나는 푸시 알림 기본 설정을 사용자가 직접 지정할 수 있도록 선택권을 제공하는 것이다. 대부분의 라이브커머스사들은 알림받기를 고객이 직접 설정할 수 있도록 시스템을 구축했다. 이렇게 구축한 알림받기 회원들은 라이브커머스 시청자 확대 및 트래픽 확보에 큰 자산이 되고 있다.

04
고객참여 마케팅도 중요하다 _ 고객 상품 리뷰가 핵심

고객참여 마케팅은 고객이 브랜드와 상품에 관해 친숙함을 가지게 하면서 고객의 충성도를 계속 유지할 수 있도록 유도하는 마케팅 활동을 말한다. 이러한 고객참여로 기업은 고객의 실제 행동 및 상품 구매스타일을 분석할 수 있고 그 브랜드의 상품, 서비스에 대한 고객들의 다양한 분석 정보를 모아서 모바일마케팅 핵심 전략으로 활용할 수 있다.

개성이 강한 고객들이 점차 개인화되고 다양성과 차별화로 무장한 상품과 서비스가 넘쳐나는 무한경쟁의 시대에 고객참여를 유도하면서 고객에게 사랑받고 좋은 관계를 유지할 수 있는 고객참여 마케팅의 중요성은 기업 브랜드 운영 전략의 핵심이 되고 있는 것이다.

고객이 제품과 브랜드, 서비스에 충성도를 가지고 있는 진정한 팬이 되어준다면, 지속적인 구매를 기대할 수 있고, 장기적으로 브랜드의 자산인 팬덤 구축으로 이어질 수 있다. 많은 수의 팔로워를 구축하고 있는 인플루언서가 판매하는 상품들이 유독 높은 매출을 올리고 있는 이유가 이러한 팬덤 구축에 있다.

하지만 진정한 팬덤은 쉽게 얻을 수 있는 것이 아니기 때문에 팬덤을 구축하기 위해서는 다양한 마케팅 활동을 해야 한다. 그래서 라이브커머스는 어느 다른 온라인 쇼핑 모델보다도 지속적으로 성장하기 위해서는 고정 시청자 확보를 위해 팬덤을 구축해야 한다.

라이브커머스 플랫폼들은 고객경험을 통한 팬덤 구축을 위해 구매인증, 적립금 신청, 채팅, 댓글, 리뷰후기 등의 다양한 마케팅 프로모션을 활용하고 있다. 특히 댓글이나 리뷰후기는 브랜드가 제공하는 광고, 프로모션이나 구매 혜택보다 고객의 구매를 유도하는 가장 중요한 요소로 자리 잡고 있다.

이제 고객은 브랜드가 하는 광고나 홍보를 보고 상품을 구매하는 것이 아니라 다양한 고객들이 올린 댓글이나 리뷰 후기를 보고 판단하고 상품을 구매한다. 리뷰나 댓글이 많이 달리면서 제품에 대한 고객 관심이 기하급수적으로 늘어난다. 최근 한 조사에 따르면 '온라인 쇼핑 때 "상품 구매후기를 보고 구매한다"라는 고객이 70%에 육박한다"라고 한다. 이런 소비 트렌드를 겨냥해 대부분의 기업들이 고객 리뷰를 적극적으로 활용하고 있는 것이다. 최근 많은 이커머스 업체들이 인공지능 데이터분석과 자동 분류 시스템을 활용해 고객 후기를 마케팅 수단으로 활용하고 있다. 리뷰를 통해 상품의 간접 정보를 얻으려는 소비자가 많아지기 때문이다.

일단 이렇게 고객참여를 통해 구축한 팬덤은 높은 시청율과 구매전환율로 보답한다. 얼마 전 진행한 팔로워 50만 인플루언서의 라이브에서 실제 라이브 시청자는 1만 명에 미치지 못했지만, 판매 개수는 2,000개가 넘어 무려 20%가 넘는 구매전환율을 보였다. 그래서 팬덤이 필요하고 중요한 것이다.

더불어 고객이 구매한 후 고객의 참여가 지속될 수 있도록 다양한 프로모션을 준비해야 한다. 고객을 계속적으로 유치하고, 고객이 브랜드에 대한 충성도를 높일 수 있는 방법을 지속직으로 찾아야 한다. 최근 한 분석 자료에 따르면, 평균적으로 전자상거래 사이트 매출의 40%가 반복 구매에서 발생한다고 한다.

고객의 마음속에 브랜드에 대한 충성심을 심어주고, 재구매를 유도하는 가장 좋은 방법은 구매 후 프로모션이다. 다음 구매 시 사용할 수 있는 할인권, 인스타그램 채널을 팔로우했거나 이메일 구독 신청을 한 사람들에게 제공하는 멤버십 이벤트 할인권 등 모든 종류의 보상 프로그램은 고객들에게 그 브랜드 활동에 계속 참여할 기회와 동기를 제공한다.

구매 후 어떤 보상을 제공할지는 세심하게 신경써야 할 부분이다. 누구에게나 동일한 일괄 할인 쿠폰 대신 각 고객 정보 및 구매 패턴을 토대로 개인화된 맞춤 혜택을 제공하는 것이 더 효과적일 것이며, 더 개인화하면 할수록 고객은 더욱 사용할 수밖에 없을 것이다.

또한, 인스타그램 같은 SNS를 통한 고객과의 소통은 큰 비용 부담 없이 고객과 커뮤니케이션 할 수 있는 좋은 방법이다. 구매 전환을 유도하는 데뿐만 아니라 구매 이후 고객 참여를 이어가는 도구로도 활용할 수 있다. 예를 들어, 인스타그램에서 새로 구매한 상품의 개봉기를 올린다던가, 새로 구매한 옷을 입고 찍은 영상을 자발적으로 공유한다면 많은 홍보가 될 것이다.

고객들의 이런 자발적인 SNS 콘텐츠 작성을 장려하기 위해 차별화된 특별 혜택을 제공하는 것도 방법이다. 쿠폰 또는 소셜미디어에서 인기 있는 브랜드 아이템 등을 인센티브로 제공하면 수많은 댓글과 관심을 받을 수 있을 것이다.

고객이 개인화되고 경쟁이 치열해질수록 팬덤을 구축할 수 있는 이러한 고객참여 마케팅은 중요하다. 신규 고객 창출도 중요하지만, 라이브커머스 플랫폼들은 이러한 팬덤을 구축해 장기적으로 유지할 수 있는 효과적인 마케팅 방법을 지속적으로 개발하고 실행해야 한다. 결국, 기존 고객을 유지하는 것이 새로운 고객을 확보하는 것보다 비용 면에서 훨씬 효율적이기 때문이다.

05

라이브커머스 디스플레이 광고 방법

앱푸시 다음으로 모바일 라이브커머스 마케팅에서 많이 활용되고 있으며, 높은 광고 효율을 올리고 있는 것은 디스플레이 광고다. 디스플레이 광고는 고객 및 시청자 트래픽을 확대하고 상품 판매율을 올리기 위해 다양한 웹사이트, 모바일 앱, 커뮤니티, 소셜미디어 플랫폼에 광고배너를 표시하는 디지털 광고 형태다.

이미지, 비디오, 텍스트로 구성된 디스플레이 광고의 주요 목적은 각자 특성에 맞는 다양한 앱사이트 방문자에게 상품이나 일반광고, 브랜드 메시지를 전달하는 것으로, 다양한 고객을 특정 웹사이트 또는 랜딩 페이지로 유도해서 자사의 제품 및 서비스를 구매하거나 자사 멤버십 회원으로 가입하도록 끌어들이는 데 있다.

최고의 디스플레이 광고는 자사 앱이나 웹으로 랜딩하도록 고객을 유도하는 데 초점을 맞추고 차별화된 카피나, 그래픽 배너광고 디자인을 통해 고객이 한눈에 끌려서 클릭할 수밖에 없게만드는 것이다.

배너 광고는 라이브커머스에서 앱푸시 다음으로 인기 있는 방법 중 하나지만, 적지 않은 광고 비용이 든다는 문제가 있다. 현재 디스플레이 광고는 강력한 트래픽을 보유한 네이버와 카카오 같은 메이저 플랫폼들에 집중되고 있다.

디스플레이 광고는 배너 광고 크기와 해당 배너 광고를 원하는 위치, 광고를 게재하는 웹사이트의 트래픽 규모 등의 요인이 배너 광고 비용에 영향을 미친다.

디스플레이 배너 광고를 할 경우 꼭 챙겨야 할 2가지 포인트가 있다. 첫 번째로 디자인 및 텍스트의 중요성이다. 배너 광고 크기는 제한적이고, 한정적이기 때문에 항상 간단 명료하고 임팩트 있는 텍스트의 중요성과 고객의 시선을 끌 수 있도록 디자인하고 배너를 복잡하지 않고 한눈에 보일 수 있도록 심플하게 만드는 것도 중요하다.

두 번째로 마케팅 비용에 따라 게재하는 위치를 잘 선정해야 한다. 당연히 잘 보이는 좋은 자리가 베스트지만, 그만큼의 비용이 많이 들어가게 된다. 효율적인 분석을 통해 최적의 배너 광고 플랫폼 선정 및 올바른 배너 위치를 선택해야 한다.

배너 광고를 게재할 때 광고 네트워크를 파악하는 것도 매우 중요하다. 광고 네트워크는 고객들이 좋은 광고를 통해 자신들의 제품을 어떻게 생각하고, 판단하는지, 고객이 어떻게 반응하는지, 타깃, 잠재 고객의 차이를 확인할 수 있다.

또한, 디스플레이 광고의 가장 큰 장점은 데이터를 검토해서 광고 효율 검증이 가능하다는 데 있다. 고객 행동이력이나 타사 데이

네이버 카카오 주요 디스플레이 광고

터를 통해 구매자를 타깃팅하거나 현재 고객 또는 구매를 완료하지 않은 방문자에게 다시 메시지를 보내고 리타깃팅도 할 수 있다.

또한, 디지털 고객 동선 관리를 통해 고객을 파악하는 것이 더 쉽다는 점이다. 디스플레이 광고 프로그램은 종종 미디어 및 검색 광고 프로그램과 결합되어 모든 소비자의 디지털 동선을 관리할 수 있다. 디스플레이 광고는 고객에게 몇 가지 추가 혜택을 주고, 잊고 있는 구매 상품을 상기시키거나, 신제품 출시를 알리는 역할을 할 수도 있다. 고객에 대한 자세한 정보를 얻고 고객의 행동을 더 잘 이해할 수 있다.

하지만 디스플레이 광고는 비용이 많이 들 수 있다는 점을 항상 고려해야 한다. 타깃고객이 누구인지, 또는 효과적으로 도달하는 방법을 모르거나 잠재고객을 잘 파악하지 않으면 많은 돈을 지불하고도 기대하는 효과를 얻지 못할 수 있다는 점을 고려해야 한다. 비용 대비 효율 분석을 통해 최적의 광고 전략을 세워야 한다.

06

라이브커머스 마케팅
실제 적용 사례

지금까지 설명한 라이브커머스 마케팅을 정리하는 차원에서 이번에는 실제 라이브커머스 마케팅 적용 사례를 설명하고자 한다. 얼마 전 ○○○전기 면도기 스페셜 에디션 신제품 출시를 기념하기 위해 단독 라이브를 진행했다. ○○○사에서 의욕적으로 출시한 신제품이니만큼 우리도 최대한의 마케팅을 지원하기로 하고 사전 마케팅 전략을 수립했다.

라이브커머스 마케팅은 크게 2가지 부분으로 나눠서 진행된다. 방송 전 사전 마케팅과 방송과 동시에 진행되는 방송 중 마케팅으로 구분한다.

방송 전 사전 마케팅의 첫 번째는 네이버 카페나 커뮤니티 바이럴 마케팅(바이러스와 마케팅의 합성어로 '전염력이 강하고 입으로 전파된다'라는 의미로 쉽게 말해 '입소문 마케팅')이다. 라이브 상품과 연관성이 높은 카페와 커뮤니티에 홍보 바이럴, 즉 입소문 마케팅을 진행한다.

라이브커머스 마케팅 프로모션 툴

구분	마케팅 도구	내용
라이브 사전 마케팅	네이버 카페 & 커뮤니티 앱 바이럴	방송상품과 연계해 명확한 대상 타깃이 있을 경우 타깃 관심 카페와 커뮤니티에 홍보 바이럴 진행
	SNS(광고) 유튜브	유튜브에서 유명한 제품 또는 유튜버와 관련된 상품일 경우 유튜브 채널 또는 영상 앞부분에 광고를 진행하여 붐업 유도
	SNS 인스타그램	제품 관심 타깃으로 콘텐츠(영상 이미지) 노출 진행, 20~40대 메인 타깃으로 사전홍보 진행
라이브 방송 중 마케팅	자사앱 앱푸시, 알림	자사앱 고객 대상으로 방송 시작과 동시에 푸시 메시지 발송
	카카오톡플러스 친구 앱푸시	제품에 연관성이 높은 타깃팅으로 방송 시작과 함께 푸시 카톡 발송
	어플 앱푸시 메시지	라이브 방송 상품과 고관여 제품일수록 진행효과 큼, 해당 어플의 회원 대상으로 앱푸시 마케팅 진행
	네이버, 카카오 디지털 배너 광고	라이브 진행 시간 동안 네이버 뉴스 탭, 카카오 상단 등 배너 노출
	네이버 메인 페이지 배너 광고	네이버 메인 페이지로 유입되는 트래픽을 해당 앱으로 끌어올 수 있는 배너광고
	구매인증(구매왕), 추첨 상품증정 이벤트 등	실시간 방송을 보는 고객 대상으로 즉시 프로모션 운영, 구매율을 올리는 마케팅

○○○ 면도기 같은 경우는 아무래도 남성들 전용상품인 면도기여서 30, 40대 남성들이 자주 찾는 골프나 스포츠 관련 커뮤니티에 사전 바이럴을 하는 것이 효과를 볼 수 있기 때문에 이러한 커뮤니티, 카페에 메시지, 영상 배너를 통해 방송일자, 상품의 가격, 상품특징들의 정보를 사전에 광고한다. ○○○ 면도기 같은 경우는 골프포털 서비스 전문앱인 스마트스코어에서 홍보 바이럴을 진행했다.

다음은 SNS 광고로 먼저 적중률이 높은 유튜브 광고다. 유튜브는 다소 저렴한 비용으로 타깃고객을 세분화(세그먼트)하고, 광고영상 콘텐츠를 타깃고객에게 제공할 수 있는 시스템을 갖추고 있다. 원하는 타깃고객과 예산비용을 설정하면 세그먼트되어 관련 광고콘텐츠가 타깃고객에게 발송이 된다. 압도적으로 높은 트래픽을 가지고 있는 유튜브니만큼 클릭율도 좋고 홍보 효과도 큰 장점이 있다.

6만 명의 팔로워를 보유하고 있는 당사 인스타그램은 20, 30대 타깃 채널로 광고 콘텐츠(영상, 이미지)를 팔로워에게 사전 노출해 사전 홍보를 진행할 수 있다. 하지만 마케팅 프로모션 진행 후 사후 분석을 통해 얻은 결과로는 사전 마케팅 효율이 그렇게 높지 않다는 점이다. 사전에 광고를 진행하는 만큼 상품 브랜드에 대한 홍보 효과는 있을지 모르지만, 방송 바로 전에 발송되는 앱푸시처럼 즉시 매출 효과는 그렇게 크지 않다.

두 번째는 방송 중 마케팅으로 앱푸시와 SMS 메시지, 배너광고 등을 들 수 있다. 역시 가장 효과가 좋은 것은 라이브 방송 시작하기 전에 타깃고객에게 발송되는 앱푸시로, 앱푸시를 받은 고객은 링크 연결을 통해 바로 라이브 방송으로 유인할 수 있다.

앱푸시 메시지는 자사 앱을 통한 방법과 카카오플친이나 다른 플랫폼을 활용해 앱푸시를 보낼 수 있다. 이 중 카카오플러스친구 메시지는 효과 면에서는 가장 뛰어나다. 당사가 가지고 있는 카카오플러스친구 회원은 40만 명으로, 고객 세분화 세그먼트가 가능하다. 이 중 제품 구매 확률이 높은 30, 40대 남성 중 전기 면도기 구매 이력이 있거나 관심 있는 고객들을 추려서 방송 시작과 함께 해당 고객에게 방송안내 카톡 푸시를 발송할 수 있다. 하지만 앱푸시 건당 발송 비용이 만만치 않다는 단점이 있다.

다양한 어플 앱푸시 메시지는 해당 어플의 고객 대상으로 앱푸시 마케팅을 진행할 수 있다. 마찬가지로 200만 명 이상의 회원을 가지고 있는 스마트스코어 고객 대상으로 앱푸시를 보냈다.

다음은 많은 트래픽을 보유하고 있는 네이버와 카카오 배너광고다. 라이브가 진행되는 1시간 동안 네이버와 카카오 뉴스 싱단 배너에 광고 배너를 노출 시킬 수 있다. 노출과 동시에 고객이 관심 있어 배너를 클릭하게 되면, 바로 라이브 페이지로 링크가 이동하게 되어 바로 고객을 유입하는 효과가 있다. 하지만 광고 및 집객 효과는 있을지 모르지만, 타 프로모션에 비해 비용이 높다는 단점이 있다. 예상 효율과 마케팅 예산을 잘 분석해 활용해야 한다.

마지막으로 방송 중 구매율을 높이기 위한 방송 중 이벤트 프로모션이 있다. 요즘 많이 하고 있는 프로모션은 구매인증이나 구매왕 이벤트로 구매를 가장 많이 한 고객에게 재미 차원에서 별도의 선물도 증정하고 있다. 더불어 다양한 선물을 미리 준비하고, 방송 진행자가 퀴즈나 채팅 커뮤니케이션을 통해 고객에게 즉시 선물을 증정하는 이벤트를 진행해 고객의 구매율도 올리면서 방송의 재미를 더해주는 프로모션으로 활용하고 있다.

이렇게 라이브커머스 마케팅 계획을 수립하고 예산을 집행할 때 항상 염두에 두어야 할 몇 가지 고려사항이 있다. 첫 번째는, 상품을 철저히 분석해(할인율, 물량, 가격, 이전행사 판매실적 등) 예상되는 시청자 수, 매출계획을 수립하고, 방송당 들어가는 제작비, 마케팅비 대비 최종 예상되는 이익을 미리 뽑아보는 것이다.

마케팅비를 확정하기 전에 이 부분에 대한 철저한 검증 없이 마케팅비를 투입한다면, 앞으로는 남고 뒤로는 손해를 보는 현상이 생기게 된다. 이런 현상은 이 분야에 종사하는 대부분의 스태프들이 아직은 이익보다는 매출 중심적이기 때문이다. 아무도 그 방송이 얼마 매출이 나왔다는 데 의미를 두지, 이익에는 관심이 없다.

마케팅 비용 계획을 수립할 때 고려해야 할 두 번째는, 상품을 공급하는 협력업체의 방송 목적이다. 협력업체와 마케팅 사전 협의를 통해 매출만을 원하는지, 아니면 신제품 등 상품, 브랜드 홍보를 올리기 위한 방송인지 이 부분을 사전에 체크해 프로모션 전략 및 마케팅 비용 계획을 수립해야 한다. 만약 브랜드 신상품의 홍보를 원할 때라면 매출만 올리기 위한 프로모션 접근보다는 해당 브랜드 타깃고객 대상의 폭넓은 프로모션 전략이 필요하다.

또 다른 예로 나이키나 삼성전자 등 메가 브랜드 라이브가 잡혔을 때는 활용할 수 있는 모든 마케팅 자원을 투입해 고객 세분화 전략보다는 많은 고객들이 라이브에 들어와 실구매를 일으킬 수 있도록 대중적인 마케팅 프로모션 전략이 필요하다.

결론적으로 라이브커머스 마케팅 비용 계획을 수립하기 전에 항상 마케터는 협력회사와 사전 협의와 예측을 통해 예상되는 매출, 이익 및 기대되는 예상 효과를 토대로 가용 마케팅 예산 범위를 확정하고, 다양한 시뮬레이션을 통해 결과를 예측해서 프로모션 전략을 수립해야 한다.

모 바 일

L I V E

커 머 스

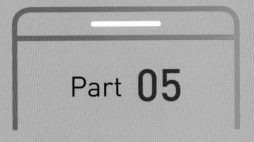

Part 05

라이브커머스 2.0
플랫폼 춘추전국 시대

01

네이버쇼핑라이브 vs 카카오쇼핑라이브

라이브커머스 사업 모델은 초기 홈쇼핑사들이 케이블TV 플랫폼의 성장한계를 벗어나고자 신규사업 확대를 목적으로 처음 시작을 했지만, 트래픽과 매출의 한계로 사업이 지지부진하며 존폐위기에 있었다. 코로나19가 발발하며 언택트 트렌드가 확대되고, 거대 IT기업인 네이버와 카카오가 이 시장에 뛰어들면서 새로운 국면을 맞이하게 되었다. 홈쇼핑사의 제한적인 서비스에 머물러 있던 라이브커머스가 새로운 유통모델로 급격하게 성장하고 있다.

당시 네이버는 셀렉티브라는 라이브커머스 서비스에서 쇼핑 라이브 방송 서비스를 본격적으로 시작했다. 특히 코로나19로 오프라인 매출이 급감했던 패션업체(브랜드사, 중소상공인)에는 실낱 같은 희망으로 쇼핑라이브가 다가왔다. 네이버는 쇼핑라 이브를 통해서 스마트스토어에 중소상공인들과 브랜드제조사 들을 많이 유치할 수 있었다. 유튜브처럼 네이버가 펼친 개방형 전략은 많은 중소상공인SME 참여를 이끌어낼 수 있었다. 2021 년 11월 기준, 1년 4개월 동안 네이버쇼핑라이브는 누적 시청 횟수 7억 뷰를 달성했으며, 같은 기간 누적 거래액 5,000억 원 을 돌파했다.

커머스의 핵심은 상품이다. 고객들이 원하는 브랜드와 상품 이 많이 있는 곳으로 고객들은 몰린다. 개방형 네이버의 전략 은 성공적이었다. 그리고 유튜버처럼 누구나 참여하기 쉬운 오 픈라이브 시스템을 통해 새로운 쇼핑라이브 생태계를 만들어갔 다. 현재 한 시간 동안에 많게는 100개가 넘는 라이브방송들이 송출된다. 개별 중소상공인들과 브랜드사들, 콘텐츠 제작사들, 유통사들 다양한 업체들이 네이버쇼핑라이브 생태계에 들어와 있다. 최근 너무 많은 라이브방송이 진행되다 보니 방송당 효율 이 다소 떨어져 있는 상태이지만 앞으로 발전 가능성은 크다.

네이버쇼핑라이브는 입점업체라면 누구나 원하는 시간에 방 송할 수 있는 오픈라이브와 네이버쇼핑라이브에 편성을 요청해 편성표에 등록하는 기획라이브 방송으로 나눌 수 있다.

기획라이브 중에서 네이버에서 직접 제작하는 기획프로그램들이 있다. 이런 방송들은 네이버쇼핑라이브 상단에 배너노출도 하고, 방송도 유명한 셀럽들이 출연해 고퀄리티 방송으로 진행된다.

특히 2022년 초에 새롭게 선보인 맛보기 숏핑은 기존 60분 진행하던 쇼핑라이브방송을 10분으로 줄이고, 숏폼 형태의 VOD를 활용한다. 이렇게 출연자, 테마 콘셉트, 방송 시간에 다양한 시도를 통해서 모바일 라이브커머스에 맞는 콘텐츠를 찾아가고 있다.

네이버 오픈라이브는 스마트스토어의 중소상공인들 중심으로 이루어지고 있다. 2021년에 스마트스토어 매장 수가 47만 개를 돌파했다. 스마트스토어의 소상공인들도 오픈라이브를 많이 진행하면서 방송 진행 퀄리티가 많이 올라가고 있다. 이제는 CG자막들도 잘 활용해서 고객과 소통하며 작지만 고객 팬덤들을 만들어가고 있다. 네이버플랫폼에서 중소상공인들의 성공사례들이 많이 나온다면 생태계로 확장 가능성이 매우 크다.

이렇게 네이버는 자신들이 직접 제작하고 운영하는 기획라이브 프로그램들과 누구나 진행하는 오픈라이브의 투 트랙 전략을 운영하고 있다. 그리고 오픈라이브 생태계 개념은 유튜브의 운영 전략과 비슷하다고 볼 수 있다.

반면 카카오는 네이버보다 조금 늦게 라이브커머스를 시작했다. 카카오쇼핑라이브는 넷플릭스처럼 비개방형이지만, 철저히 검증된 콘텐츠와 브랜드 상품 중심으로 차별화를 꾀하면서 운영하고 있다. 방송 시작 초기에는 방송당 매출 효율도 좋고, 검증된 콘텐츠로 안정적으로 진행할 수 있었다. 그러나 하루에 5

개 라이브방송으로는 라이브커머스 서비스를 크게 활성화시키고 규모를 확대하기는 힘들다.

이에 카카오쇼핑라이브에서는 2021년 3월부터 안정적으로 상품 공급과 라이브방송 제작이 가능한 일부 브랜드사나 유통사들에 기획라이브 방송을 오픈해주기 시작했지만, 아직은 네이버보다는 다소 높은 수수료를 내면서 좋은 브랜드 상품을 최저가로 제안하고, 라이브방송 퀄리티를 유지할 수 있는 협력업체들은 생각만큼 많지 않다.

카카오는 2022년 안에 카카오쇼핑라이브에 오픈라이브 서비스를 론칭할 계획이라고 한다. 다만 오픈하는 업체의 범위가 어디까지인지, 카카오 앱푸시 등 노출 지원을 어디까지 할지 등 많은 부분들이 아직 알려지지 않았다. 카카오도 오픈라이브 서비스를 성공적으로 안착시키기 위해서는 경쟁력 있는 상품과 방송을 최대한 확보해야 한다. 카카오의 성공적인 오픈라이브 서비스 안착을 바라며 현업에서 느끼는 몇 가지 바람이 있다.

첫째, 라이브방송의 실시간 노출 트래픽 확보다. 현재 카카오 기획라이브는 쇼핑라이브탭 상단노출과 쇼핑라이브 플친 앱푸시를 통해서 많은 트래픽을 가져오고 있다. 카카오 기획라이브를 진행하면 방송 때 하루 200만 명 정도가 찾는 카카오 쇼핑탭 상단에 방송이 노출된다. 그리고 방송 직전에 쇼핑라이브 플러스팬 약 200만 명 중에서 타깃팅해서 앱푸시를 발송해주고 있다. 이 노출을 통해서 방송 중 약 10만 명 이상 시청을 하고 구매를 한다.

진짜 전문가가 알려주는 **대한민국 모바일 라이브커머스**

추후 카카오 오픈라이브도 매 방송마다 어느 정도 트래픽을 확보할 수 있는지가 관건이다. 그래서 카카오가 오픈라이브를 진행하게 될 때 이 앱푸시를 어느 정도까지 지원하게 될지 기대가 된다.

둘째, 누구나 쉽게 참여 가능한 오픈라이브 운영 시스템이다. 누구나 쉽게 상품등록을 할 수 있고, 쉽게 방송할 수 있으며, 쉽게 마케팅을 세팅할 수 있고, 판매 및 고객 구매 결과에 대해서도 쉽게 확인할 수 있어야 한다. 카카오쇼핑라이브 오픈라이브 운영 시스템의 성공적인 안착을 바란다.

최근 카카오는 사회관계망서비스^{SNS} 라이브커머스 그립컴퍼니에 1,800억 원을 투자하고 지분 48.8%를 인수했다. 그립컴퍼니는 누구나 판매자로 상품을 판매하고, 구매자와 소통할 수 있는 플랫폼이다. 카카오가 그립컴퍼니 지분을 인수한 것은 다소 폐쇄적으로 비춰졌던 상품 큐레이션 전략에서 개방형으로 시장을 확대하겠다는 전략으로 풀이된다. 그러나 아직까지는 카카오쇼핑라이브와는 별개로 운영하고 있다.

그립은 B2B 라이브커머스 솔루션 그립클라우드 사업을 통해서 라이브커머스 해외 진출을 준비하고 있다. 일본, 미국 등을 중심으로 라이브커머스 글로벌 진출 사업모델을 여러 가지로 모색하고 있어 향후 성장이 기대된다.

교보증권 리서치센터에 따르면, 거래액 기준 국내 라이브커머스 시장 규모는 2021년 2조 8,000억 원에서 2022년 6조 2,000억 원, 내년엔 10조 원으로 가파르게 성장할 것으로 전망된다. 지금대로라면 네이버가 1위 사업자가 될 것이다. 이에 맞서 카카오뿐 아니라 쿠팡, 신세계, 배달의민족 등 유통업계도 이 시장 점유확보를 위해 경쟁을 벌이고 있다. 해외에선 유튜브, 메타(페이스북·인스타그램), 틱톡, 트위터 등이 사업 진출을 추진 중이다.

앞으로 라이브커머스 플랫폼들의 춘추전국시대가 될 것이고, 누가 천하통일을 할 것인지 한 치 앞도 내다볼 수 없는 상황이다. 상품을 가진 협력사와 상품을 사고 싶은 고객 모두에게 지지를 많이 받는 플랫폼만이 살아남을 것이다. 특히 국내 IT 플랫폼 1, 2위인 네이버와 카카오의 경쟁이 관심을 끈다. 2022년은 네이버에 대한 카카오의 추격이 기대되는 한 해가 될 것 같다.

진짜 전문가가 알려주는 **대한민국 모바일 라이브커머스**

02
라이브커머스 시장의
다크호스

2021년에 배달의민족과 야놀자가 라이브커머스 방송을 시작했다. 음식 배달전문 플랫폼 배달의민족, 호텔 숙박 예약 플랫폼 야놀자가 왜 라이브커머스를 시작했을까? 이 두 회사는 전문 카테고리 플랫폼으로, 해당 카테고리에 많은 고객들을 보유하고 있다. 이런 기업들에 라이브커머스는 기존 광고나 수수료 사업모델 이외 추가적인 새로운 사업모델이다. 기존 고객데이터와 트래픽을 활용해서 추가 매출을 올릴 수 있는 좋은 사업모델인 것이다. 기존 고객들을 대상으로 실시간 소통을 하면서 팬덤을 쌓아간다면 라이브커머스의 성공적인 모델이 나올 것이다.

2022년 1월, 가상화폐거래소인 빗썸에서 빗썸라이브를 오픈했다. 빗썸에서 왜 라이브커머스를 시작했을까 궁금했다. 함께 일하던 후배 PD가 빗썸라이브로 이직하는 것을 보면서 라이브커머스의 새로운 미래에 관해 생각해봤다. 최근에 이슈가 되는 블록체인 기반의 가상화폐 및 NFT 상품들도 라이브커머스의

출처 : 신세계라이브쇼핑, 야놀자, 빗썸라이브

새로운 미래가 될 수도 있을 것이다. 아직은 여러 제약들이 있지만, 언젠가는 실시간 소통하며 판매할 수 있는 라이브커머스 시장에서 빛을 낼 수 있을 것이라고 생각한다.

앞으로 라이브커머스는 팬덤 커머스 형태로 발전할 가능성이 크다. 그래서 이런 전문 카테고리 플랫폼들의 라이브커머스 방송들을 유심히 지켜볼 필요가 있다. 2022년에도 많은 전문 플랫폼들의 라이브커머스 진출이 예상된다.

개인적으로 가장 기대되는 라이브커머스 플랫폼은 당근마켓이다. 월 이용자 수가 1,500만 명이 넘는 엄청난 트래픽을 가지고, 개인 간 지역별 중고거래가 기본인 플랫폼이다. 2021년 2월

에 비즈프로필이라는 서비스를 오
픈했는데, 동네 가게와 지역주민들
을 연결시켜주는 서비스다. 1년 만
에 벌써 42만 개의 동네 가게들이
이 서비스를 이용하고 있다. 그리고
최근 당근페이 서비스까지 오픈하

면서 당근마켓은 지역 소상공인 및 개인들 간 거래 플랫폼을 완
성해가고 있다.

이런 생태계에서 2022년 오픈 예정인 당근마켓 라이브방송
서비스가 기대된다. 라이브커머스의 장점은 온라인이지만, 얼
굴을 보고 이야기하며 양방향 소통으로 하는 것 같아 신뢰를 줄
수 있다는 것이다. 그리고 실시간 소통하며 팬덤을 지속적으로
쌓으며 단골을 만들 수 있다.

당근마켓에서 42만 개의 동네가게들이 라이브커머스를 한다
면 이것만으로도 시장에 큰 영향력을 끼칠 수 있을 것이다. 지
역의 오프라인 매장들은 당근마켓의 라이브방송을 통해서 지역
고객들과 소통하며, 온라인으로 판매하고 직접 배달까지 할 수
있게 될 것이다. 이렇게 라이브커머스가 지역상권의 커머스 플
랫폼 역할을 할 수도 있을 것이다. 그래서 2022년 당근마켓이
가장 기대가 되는 라이브커머스 플랫폼이다.

최근 메타버스가 유행하고 많은 관련 서비스들이 오픈을 준
비하고 있다. 얼마 전에 메타버스 사업을 준비하는 업체 미팅을
했다. 기본적으로 메타버스 플랫폼을 만들고, 그 안에서 커머스

활동을 하고 라이브커머스도 할 수 있다고 한다. 메타버스 시장이 향후 어떻게 발전할지는 모르지만, 현재 온오프라인에서 하는 대부분의 구매 활동을 가상공간에서 할 수 있게 될 것 같다. 오프라인 매장으로 운영하는 분들도 메타버스 플랫폼에 온라인 매장을 만들어놓고, 라이브커머스 형태로 판매 활동을 하게 될 수도 있다. 새로운 세상에서는 먼저 선점하는 것이 중요하다.

새로운 플랫폼들은 계속 생겨날 것이고, 그것에서도 커머스 활동은 계속 이루어질 것이다. 오프라인도 단골장사가 중요한 것처럼 온라인커머스에서도 팬덤을 통한 라이브커머스는 계속 발전할 것이다. 자신만의 스토리, 콘텐츠, 브랜드가 있다면 플랫폼이 바뀌더라도 지속적으로 성장할 수 있을 것이다.

앞으로 대형 IT플랫폼과 더불어 전문 카테고리 플랫폼들이 라이브커머스 시장에서 두각을 나타낼 것으로 보인다. 우후죽순처럼 많은 라이브커머스 플랫폼들이 생겨나면서 하루에도 수백에서 수천 개의 라이브방송들이 진행된다. 이런 치열한 시장 상황에서 고객들의 선택을 받기 위해서는 세분화, 전문화를 하고 팬덤과 신뢰를 확보해야 한다. 기존처럼 고객이 많은 곳에서 판매하는 것이 아니라 찾아오는 고객들에게 판매하는 방향으로 변했기 때문이다. 자신만의 확실한 콘텐츠 및 상품이 있다면, 트렌드가 빠르게 바뀌더라도 살아남을 수 있다. **영원한 라이브커머스 플랫폼은 없겠지만, 소통하고 싶고 원하는 상품들을 싸게 사고 싶은 인간의 욕망은 변하지 않을 것이다.** 라이브커머스는 이러한 트렌드에 맞춰 변화하고 진화해가야 한다.

03

오픈라이브가 확대되고
기획라이브가 뜬다!

2020년 네이버쇼핑라이브가 론칭하면서 새로운 용어가 생겨났다. 바로 오픈라이브다. 기존에 일반 브랜드사나 소상공인이 라이브커머스를 하려면, 홈쇼핑사나 온라인커머스사에 라이브커머스 방송제작을 요청해야 라이브를 할 수 있었다. 방송 전문 인력과 장비 및 출연자가 없다면 라이브방송을 직접 제작하기란 불가능에 가까웠다. 그러나 이 어려운 제작 송출 부분이 기술의 발전으로 해결되고 있다. 네이버쇼핑라이브는 스마트폰만 있으면 라이브방송 제작 송출 소프트웨어를 통해 누구나 쉽게 라이브방송을 제작 및 송출할 수 있게 해주었다. 이렇게 누구에게나 열려 있는 라이브커머스가 오픈라이브다.

TV홈쇼핑 사업은 허가제 사업으로 누구나 할 수 없었다. 대규모의 방송시설과 전문 제작 및 기술 인력이 있어야 가능하기 때문에 이것이 진입장벽이 되었다. 그러나 이제는 누구나 스마트폰만 있으면, 모바일에서 채팅까지 하면서 모바일 홈쇼핑 방송을 할 수 있게 되었다.

네이버쇼핑라이브에서 스마트스토어를 운영하는 판매자들에게 라이브커머스 방송 기능을 제공하게 되면서 라이브커머스가 급성장할 수 있게 되었다. 이처럼 판매자가 직접 방송 편성을 하고, 방송 진행 및 송출할 수 있는 오픈라이브가 급격히 확대되고 있다. 이 오픈라이브 서비스가 네이버쇼핑라이브의 핵심 서비스이고, 국내 라이브커머스 시장을 새롭게 업그레이드한 핵심 요인이다. 이로써 많은 판매자들이 라이브커머스 시장에 쉽게 들어올 수 있었고, 이 시장이 확대, 발전할 수 있게 되었다.

오픈라이브는 누구나 쉽게 할 수 있기 때문에 장단점이 명확하다.

첫째, 방송 시청자 수가 적다. 하루에도 수백 개의 오픈라이브 방송이 진행되기 때문에 각 오픈라이브 시청자 수는 1,000명을 넘기기가 어렵다. 이 부분은 고객과의 소통을 통해 팬덤을 만들고, 효과적인 마케팅을 하면서 극복할 수밖에 없다.

둘째, 방송 퀄리티가 높지 않다. 스마트폰으로만 방송을 진행하다 보니 방송 중 상품을 확대해서 보여주거나 영상 및 자막을 사용하기 어렵다. 향후 기술이 더 발전하면서 다양한 기능을 제공할 수는 있겠지만, 기존 홈쇼핑 방송 대비 상품을 보여주는 기술적인 측면에서 부족할 수밖에 없다.

셋째, 매출 대비 제작비 문제가 생길 수 있다. 오픈라이브도 진행하려면 아무리 1인 사장이 혼자서 한다고 해도 필수 운영 인력들이 필요하다. 출연자, 장소 비용과 채팅 및 상품 대응인

진짜 전문가가 알려주는 **대한민국 모바일 라이브커머스**

력, 방송 기술 및 연출 인력이 필요하다. 오픈라이브 매출은 평균 100~200만 원을 넘기기 쉽지 않은데, 상품판매 수수료가 높다고 하더라도 방송 제작비용과 인력 운영비용을 따지면 수익을 창출하기가 어렵다.

1인 사장 혼자서 방송 세팅하고 출연하면서 채팅 대응까지 1인 다역을 소화할 수 있다면, 방송을 통해 어느 정도 꾸준한 수익을 창출할 수도 있을 것이다. 그리고 단골고객을 만들어야 꾸준한 수익구조를 만들 수 있다.

유튜브처럼 꾸준히 고객과의 신뢰를 바탕으로 팬덤을 형성한 라이브커머스 판매자들은 하루에 수천만 원의 매출을 올리고 있다. 이 시장은 누구에게나 기회가 열려 있다. 자신이 어떻게 고객과 신뢰를 쌓고 팬덤을 쌓느냐에 따라서 라이브커머스 매출은 달라질 수 있다. 그래서 이 오픈라이브 시장에 연예인, 개그맨, TV쇼호스트, 유튜버, 인플루언서 등 다양한 출연자들이 도전하고 있다.

누구에게나 열려 있는 시장이지만, 누구나 성공을 할 수 있는 시장은 아니다. 이제 더 많은 오픈라이브 플랫폼들이 새로 생겨날 예정이다. 그만큼 새로운 기회들이 많이 생길 수 있고, 미리 준비한 사람들만 그런 기회들을 잡을 수 있을 것이다.

오픈라이브와는 다르게 라이브커머스 플랫폼사에서 직접 편성과 제작 및 마케팅에 관여하는 방송을 '기획라이브'라고 부른다. 특히 네이버쇼핑라이브에서 방송편성표에 등록되고, 마케팅 지원을 받는 모든 방송을 기획라이브라고 한다. 기획라이브는 운영주체인 플랫폼사에서 직접 관리하기 때문에 편성을 잡기가 쉽지 않다. 매일 수많은 업체들이 기획라이브를 요청하지만, 모든 상품이 다 편성에 성공하지는 않는다. 최근에는 기획라이브로 편성해서 편성표에 노출이 된다고 하더라도 시청 수나 매출이 폭발적이지는 않다. 다만 사전 방송 노출을 통해서 마케팅 활동을 할 수 있고, 고객들을 좀 더 확보할 수 있다.

네이버쇼핑라이브 사업 초기만 해도 기획라이브는 네이버 띠 배너 노출을 지원해주었기 때문에 시청자도 1만 명 이상 나왔고, 매출도 1,000만 원 정도 했다. 현재는 하루에도 수많은 기획라이브들이 진행되고, 네이버에서도 방송편성표 노출만 지원해준다.

네이버 기획라이브 중에서 라이브쇼라는 방송들이 있다. 이는 네이버에서 직접 기획하고, 제작 운영하는 라이브커머스 방송들이다. 유명한 셀럽들과 쇼호스트들이 출연하고, 여러 방송 콘셉트를 녹여서 만든 라이브커머스 기획 프로그램들이다. 네이버에서 모바일 라이브커머스에 적합한 방송 포맷을 만들기 위해 다양한 테스트를 진행하고 있는 것이다. 대다수의 라이브커머스방송은 기존의 홈쇼핑 방송을 따라 하고 있다. 이런 새로운 시도들을 통해서 라이브커머스에 최적화된 새로운 방송 형태를 찾는 중이다.

이런 기획프로그램은 네이버 배너 등 여러 가지 마케팅을 통해 시청자 수를 수십 만 명에서 100만 명까지 만들고 있다. 예를 들어 〈오늘의 셀럽 효사장〉, 〈서경환의 99특가쇼〉, 〈김해나 블랙딜〉, 〈월간 선물샵〉, 〈하이라이특쇼〉, 〈미미언니의 신상EAT쇼〉, 〈리코의 치팅데이〉 등이 있다. 네이버는 이런 기획프로그램들을 통해 쇼핑라이브 팬덤을 만들어 고정 고객들을 모으고 있다.

라이브커머스 방송이 단순히 홈쇼핑처럼 상품 판매만 하는 것이 아니라, 일반 방송처럼 재미와 정보를 주고 시청자와 소통하면서 팬덤을 만드는 프로그램으로 발전하고 있는 것이다. 아직까지 재미와 매출을 동시에 높이는 기획프로그램들이 많지는 않다. 계속 새로운 시도를 통해서 답을 찾고 있는 과정이다. 라이브커머스 방송도 일반 콘텐츠들처럼 계속 발전할 것이다. 방송 퀄리티에 대한 사람들의 눈높이도 한번 높아지면 절대 내려가지 않는다. 향후 방송 차별화를 통한 팬덤 확보를 위해 새로운 형태의 라이브커머스 방송들이 다양하게 시도될 것이다.

기획프로그램은 꼭 유명한 출연자와 대단한 방송 장비들이 있어야 하는 것은 아니다. 시청자들이 보고 싶고 공감하는 내용이 있다면, 출연자가 능숙하지 않더라도 화면퀄리티가 좀 떨어진다고 해도 문제가 되지 않는다. 이제부터는 아이디어 싸움이다. 차별화된 아이디어와 상품들이 있다면 누구나 성공하는 라이브커머스 기획프로그램들 만들 수 있다.

04

라이브커머스 히스토리, 이제는 라이브커머스 2.0시대

국내에서 온라인 라이브커머스의 원조는 TV홈쇼핑사들이라고 볼 수 있다. 홈쇼핑사들은 2000년대 후반 스마트폰 등장과 TV시청자 수의 정체로 위기의식을 갖고, 인터넷 라이브커머스 방송을 시도했다. CJ홈쇼핑(현 CJ온스타일)은 2006년 라이브커머스의 원조 격인 인터넷 생방송 〈쌩쌩라이브〉를 오픈했다. 그 당시 젊은 고객들을 대상으로 다양한 상품과 재미있는 방송연출로 약 3년 정도 운영했다. 당시 방송당 최대 200명까지 동시접속을 했고, 많지는 않지만 어느 정도 팬덤도 생겼다. 그러나 고정시간에 PC로 인터넷에서 접속해서 시청해야 하는 인터넷 생방송은 시청자 수와 매출에서 한계가 명확했다. 사업으로 확장할 수는 없었다. 이렇게 커머스형 인터넷 생방송은 역사 속으로 사라지는 듯했다.

2017년 LTE 스마트폰의 보급과 와이파이 확대, 무제한데이터 요금제의 확대로, 모바일에서 실시간 라이브방송을 볼 수 있는 환경이 만들어지면서 라이브커머스에 새로운 기회가 생겨나기 시작했다. 국내 라이브커머스가 홈쇼핑사와 일부 온라인커머스를 중심으로 본격적으로 다시 시작했다. 티몬의 TVON, CJ온스타일의 쇼크라이브, 롯데홈쇼핑 몰리브, 현대홈쇼핑 쇼핑라이브가 경쟁적으로 오픈하며, 라이브커머스 1.0시대를 열었다고 할 수 있다.

홈쇼핑사들은 기본적으로 PD, 방송기술 스태프, 스튜디오 등 자체 라이브 제작역량을 보유하고 상품 풀도 있기 때문에 쉽게 라이브커머스를 시작할 수 있었다. 라이브커머스의 대표적이며 유일했던 성공사례가 TV홈쇼핑이라고 할 수 있다. TV라는 집중화된 대형 플랫폼과 라이브방송이라는 효율적인 제작 시스템이 만나서 현재 연간 12조 원에 가까운 시장을 형성했고, 메인 홈쇼핑사들은 매년 1,000억 원이 넘는 수익을 올리고 있다. 짧은 시간에 높은 매출을 올릴 수 있기 때문에 높은 수수료에도 좋은 상품들이 몰리고 있다.

그러나 홈쇼핑 모바일앱의 라이브커머스는 자체 트래픽의 한계로 시청 수와 매출 규모는 제한적일 수밖에 없었다. 코로나19 이전까지 판매 수수료로 제작비조차 회수가 되지 않는 적자 사업이었다. 홈쇼핑사는 매년 이 서비스를 지속할지, 말지에 대한 고민을 할 수밖에 없었다. TV방송 시청자 수가 감소하면서 미래를 위한 사업모델로 투자를 했던 라이브커머스는 수익성이라는 벽에 부딪혀 어려움을 겪었다.

그러다 2020년 코로나 팬데믹 이후, IT플랫폼사인 네이버와 카카오의 시장 진입으로 라이브커머스 사장이 새로운 국면을 맞이하게 되었다. 이때부터 라이브커머스 2.0시대라고 말할 수 있다.

　기존 라이브커머스의 주체는 방송을 제작할 수 있는 극소수의 온라인 유통사였는데, 네이버쇼핑라이브가 오픈라이브 서비스를 시작하면서 누구나 스마트폰만 있으면 라이브방송을 할 수 있게 되었다. 2년이라는 짧은 기간 동안 많은 사람들이 라이브커머스 방송에 직접 참여하기도 하고, 방송을 통해 구매경험도 많아지게 되었다.

　라이브커머스 2.0시대의 가장 큰 특징은 일반인, 소상공인들의 참여다. 참여자가 폭발적으로 늘어나면서 라이브방송 횟수도 함께 급격히 늘어났다. 네이버쇼핑라이브만 보더라도 현재 하루에 수백 개의 라이브방송이 진행되고, 홈쇼핑사들도 기존 일 2~4회 라이브방송을 했으나, 2021년 하반기부터 일 10회에서 15개까지 크게 늘어나고 있다. 방송의 양이 늘어나면서 방송의 질도 높아지고 있다. 이 추세는 앞으로도 이어질 전망이다.

　2022년에는 새로운 라이브커머스 플랫폼들이 더 많이 생길것이고, 더 많은 방송들이 운영이 될 예정이다. 좀 더 치열한 경쟁환경이 될 것이다. 전문 플랫폼들과 해외 SNS 대형 플랫폼들의 시장 진입이 예상된다. 배달의민족과 야놀자가 라이브방송을 시작했고, 가상화폐거래소인 빗썸도 합류했다. 당근마켓도 라이브방송을 준비하고 있다고 한다.

　SNS 플랫폼인 인스타그램도 커머스 기능을 새롭게 제공하면서 커머스플랫폼으로 진화 중이다. 인플루언서들의 커머스를 지원하기 위해 라이브방송에 대한 서비스 확대도 기대된다.

향후 라이브커머스 3.0은 개인들 간의 라이브커머스의 확대가 예상된다. 여러 플랫폼들에서 개인 간 라이브로 커뮤니케이션하고, 플랫폼 결제수단을 통해 거래하는 라이브커머스 시대가 올 것이고, 생각보다 속도는 더욱 가속화될 것 같다. 그 중심에 당근마켓 같은 지역 중심 플랫폼이 있을 수 있다. 지역 오프라인 소상공인들과 지역 고객들을 온라인으로 실시간 연결해줄 수 있는 기술이 라이브커머스가 될 수 있기 때문이다.

앞으로, 모바일 라이브커머스도 홈쇼핑처럼 하나의 신유통채널로 자리를 잡고, 중국처럼 온라인커머스 시장에서 더 큰 영향력을 발휘할 수 있을 거라고 기대한다. 전 세계에서 대한민국 홈쇼핑이 가장 엔터테인먼트적인 요소도 많고 방송 퀄리티도 높다. 많은 나라들에 대한민국 홈쇼핑들이 진출하기도 했고, 방송 부분에서만큼은 세계 최고라고 해도 과언이 아니다. 이런 저력을 바탕으로 모바일 라이브커머스 시장에서도 한국의 모바일 라이브커머스가 전 세계에 많은 영향력을 끼칠 것으로 생각된다.

05

라이브커머스 플랫폼 알아보기 ① _ 홈쇼핑

　국내에서 처음으로 라이브커머스를 시작했던 곳은 TV홈쇼핑이다. 1995년 3월에 케이블방송(종합유선방송)이 시작하고 그해 8월에 홈쇼핑 첫 방송이 시작되었다. 초기에는 고객들이 TV보고 전화 주문하는 형태가 익숙하지 않아 매출이 지지부진했다. 그러나 1997년 IMF 이후, 다구성 초저가 상품을 파는 홈쇼핑이 급격히 성장하게 되었다. 국내 TV홈쇼핑은 총 7개(GS홈쇼핑, CJ 온스타일^{CJ ENM}, 현대홈쇼핑, 롯데홈쇼핑, 홈앤쇼핑, NS홈쇼핑, 공영홈쇼핑)와 T커머스 5개사(신세계라이브쇼핑, SK스토아, K쇼핑, W쇼핑, 쇼핑엔티)가 있다.

　2010년까지 케이블TV 시장의 성장과 함께 홈쇼핑 업계도 지속적으로 성장했다. 그러나 스마트폰 등장과 온라인커머스의 급격한 발전으로 위기를 맞게 되었다. 사람들이 TV보다 스마트폰을 보는 시간이 늘어나면서 홈쇼핑사들은 위기의식을 느끼고 누구보다 먼저 모바일 라이브커머스 시장에 뛰어들게 되었다.

홈쇼핑 7개사	GS홈쇼핑, CJ온스타일CJ ENM, 현대홈쇼핑, 롯데홈쇼핑, 홈앤쇼핑, NS홈쇼핑, 공영홈쇼핑
T커머스 5개사	신세계라이브쇼핑, SK스토아, K쇼핑, W쇼핑, 쇼핑엔티
홈쇼핑사 로고	GS SHOP CJ ONSTYLE 현대홈쇼핑 롯데홈쇼핑 HOME& SHOPPING NS홈쇼핑 공영쇼핑
T커머스사 로고	SHINSEGAE SHOPPING SK 스토아 K SHOPPING W shopping 쇼핑엔티

2017년 홈쇼핑사들은 CJ온스타일의 쇼크라이브를 시작으로 본격적인 모바일 라이브커머스에 뛰어들게 되었다. 홈쇼핑사는 기본적으로 라이브방송 제작 역량이 있다. 그리고 그동안 축적한 많은 상품 풀을 가지고 있었다. 하지만 누구보다 빨리 라이브커머스를 시작했지만 결과는 별로 좋지 못했다. 모바일이라는 새로운 시장에 들어가면 그 시장에 맞춰서 준비했어야 했다. 그러나 홈쇼핑사들은 기존의 성공사례에 취해서 홈쇼핑 방송을 형태를 버리지 못하고, 상품들도 방송도 홈쇼핑 스타일로 진행했다.

홈쇼핑사들은 모바일 자사 앱에서만 라이브방송을 진행했기 때문에 트래픽과 사업 확장성이 부족했고 폐쇄적이었다. 그 당시만 해도 라이브커머스를 신규 사업이 아니라 신규 서비스로 생각했었다. 50, 60대가 메인인 홈쇼핑 앱에서 20, 30대 타깃으로 했던 라이브커머스 방송은 성장의 한계가 명확했다. 매출도 크지 않아 대부분 사업을 축소하거나 없애려고 했다.

그러던 중에 2020년 코로나19 팬데믹이 발발하고 네이버, 카카오 같은 IT플랫폼사들이 라이브커머스에 뛰어들면서 홈쇼핑사들도 라이브커머스에 다시 한번 도전하게 되었다. 현재 홈쇼핑사들은 자체 제작 라이브방송을 많이 늘리고 있다. 현대홈쇼핑은 하루에 라이브커머스 방송을 최대 15개(오전 8시~밤 12시까지)도 진행한다. CJ, GS도 일 방송 횟수를 늘려나가고 있다.

홈쇼핑사별로 라이브커머스 특징을 알아보자.

현대홈쇼핑 쇼핑라이브는 홈쇼핑사 중 가장 많은 라이브방송을 제작 진행하고 있다. 일 15편을 진행하고, 주당 100편 이상의 방송이 제작 운영된다. 운영되는 상품은 대부분 현대백화점과 연계된 패션잡화 상품들이 많다. 방송은 쇼호스트들과 백화점 매니저분들이 출연해 방송을 진행한다. 현대홈쇼핑 모바일 스튜디오에서 직접 제작하는 형태와 백화점 현장에서 진행하는 형태가 있다. 방송은 판매 중심으로 심플하고 가볍게 진행을 한다. 일부 기획프로그램으로 〈클헤쇼〉, 〈우아쇼〉, 〈스타쇼〉, 〈초밀착 뷰티쇼〉, 〈현명쇼〉를 운영하고 있다. 백화점 패션에 특화되고 현대홈쇼핑 자체 플랫폼 확장을 위해 편성 수가 적극적으로 확대되고 있다.

CJ온스타일의 모바일라이브쇼는 일 9회, 주에 50~60회 방송을 진행하고, 브랜드와 출연자의 팬덤을 확대를 위한 라이브쇼로 운영하고 있다. 이전 쇼크라이브 때부터 콘텐츠적인 라이브커머스 방송을 많이 시도했고, 현재도 방송 퀄리티에 신경을 많이 쓰고 있다. 방송 출연 셀러들의 쇼앤톡 서비스를 통해 고객과 셀러들이 직접 소통할 수 있는 기능을 만들어서 운영 중이다. 이런 서비스들을 통해 출연자 팬덤을 만들어 단골고객들을 확보하고자 노력하고 있다.

상품으로는 유아동상품을 킬러 카테고리로 운영 중이고, 자체 브랜드 PB상품 중심의 방송들도 하고 있다. 패션 전문 기획프로그램으로 〈엣지쇼〉 방송을 진행하고 있다. 대부분 빅 브랜드 중심의 상품들로 진행하고 있다. 최근 CJ ENM 엔터테인먼트 부문과 협업해서 유명 연예인 기획프로그램들을 진행하고 있다. 가수 브라이언의 〈브티나는 생활〉 방송으로 가구제품들을 6회에 걸쳐 최대 25억 원의 주문액을 기록했다고 한다. 앞으로도 이런 시도들은 지속될 전망이다.

GS홈쇼핑 모바일TV 샤피라이브는 일 최대 15회, 주 90회 방송을 진행하고 있다. 주로 홈쇼핑 상품을 자사의 고객을 대상으로 라이브로 방송하고 있다. 자체 TV방송 쇼호스트들과 모바일 쇼호스트들이 출연하고, 대부분 1인 출연 중심으로 방송을 진행하고 있다. 〈비대면 맛집 문래스토랑〉, 〈쌩얼라이브〉, 〈명품 펜트하우스〉 같은 기획프로그램도 운영하나 1인 출연 중심으로 진행한다. 라이브방송 시 팝업배너 같은 노출을 지원해서 방송당 평균 1만 명 이상 시청을 한다. 그러나 방송은 최소 비용과 인력으로 효율화를 꾀하고 있다.

신세계라이브쇼핑은 2019년 3월, T커머스사 중에서 가장 먼저 모바일 라이브커머스를 시작했다. 모바일 라이브커머스 전용 스튜디오를 구축하고, 자체 제작인력으로 운영하고 있다. 신세계라이브쇼핑은 홈쇼핑 경쟁사 대비 열세한 트래픽을 만회하기 위해 외부 빅 플랫폼사들과 협업을 확대해왔다. 현재 카카오, 네이버, G마켓, SSG, 배달의민족, 11번가 등에 라이브방송을 동시에 송출하고 있다. 특히 카카오와 협업을 강화하고 있다.

각 라이브커머스 플랫폼별 특성을 고려해서 상품을 편성하고, 빅 브랜드 상품 및 식품 중심으로 일 4회, 주 20회를 운영하고 있다. 그동안 〈출근길 뮤직하이〉, 〈쇼핑가중계〉, 〈주말밥상〉 등 다양한 기획프로그램들을 운영하고 테스트했다. 그동안 쌓아온 방송제작 역량과 상품운영 역량을 활용해서 자사 플랫폼의 확대 및 제휴 채널 협업을 강화할 예정이다. SSG와 G마켓, 신세계백화점 등 신세계그룹의 플랫폼들과도 협업해서 라이브커머스에서 시너지를 내기 위해 준비하고 있다. 회사명도 2022년 기존 신세계TV쇼핑에서 TV를 빼고, 신세계라이브쇼핑으로 변경하고 라이브커머스의 의지를 다지고 있다.

앞으로 고객들은 TV보다는 모바일을 보며 보내는 시간이 더 많아질 것이다. 이런 위기감으로 홈쇼핑사들은 살아남기 위해 치열하게 모바일 라이브커머스 사업에 매달리고 있다. 홈쇼핑은 라이브커머스 제작역량을 기반으로 모바일 트래픽을 더 확보한다면, 라이브커머스에 새로운 한 축으로 안착할 수 있을 것이다.

다만 기존 TV홈쇼핑 틀을 깨고 새롭게 모바일 라이브커머스 틀에 적응해야 미래가 있을 것이다. 모든 것을 원점에서 고객 중심으로 다시 생각하고 준비해야 한다. 기존 홈쇼핑 방송처럼 일방적으로 고객들이 듣고만 있게 쇼호스트의 멘트를 쏟아내는 게 아니라 소통하며 관계를 구축해야 한다. 그래야 고객들이 알고 찾아와서 구매해줄 것이다.

진짜 전문가가 알려주는 **대한민국 모바일 라이브커머스**

06

라이브커머스
플랫폼 알아보기 ② _
온라인쇼핑몰

국내 라이브커머스 성장 히스토리에서 홈쇼핑사와 함께 시작한 업체가 티몬이다. 티몬은 2010년 국내 최초 소셜커머스로 시작해서 2017년 9월, 티비온이라는 자체 라이브커머스 서비스를 론칭했다. 사업 초기 많은 투자를 하며 의욕적으로 뛰어들었으나 5년 정도 지난 현재는 서비스 확대보다는 현상 유지 중이다.

온라인쇼핑몰에서 노출 구좌 위치는 매출에 직접적인 영향을 미친다. 티비온 라이브방송도 쇼핑몰 내 어디에 방송이 노출되느냐에 따라 매출 규모가 달라진다. 트래픽이 있어야 매출을 올릴 수 있기 때문이다. 이 트래픽은 기회비용으로 생각될 수 있다.

온라인쇼핑몰들은 자사 트래픽을 최대한 활용하며 매출 효율을 높이려고 한다. 라이브커머스 방송도 한정된 트래픽의 구매 효율을 높이기 위해서 시작했다. 고객들은 이미지보다는 동영상에 더 반응하고, 동영상을 보면 체류 시간을 늘릴 수 있고, 그

쿠팡 – 쿠팡라이브	coupang	coupang LIVE
G마켓 – G라이브	Gmarket	G LiVE
11번가 – 라이브11	11	LIVE 11
SSG.COM – SSGLIVE	SSG.COM	SSG LIVE
티몬–티비온	TMON	TV ON

만큼 구매 확률도 높아지기 때문이다. 이 부분이 온라인쇼핑몰들이 라이브커머스를 시작하게 된 첫 번째 이유였다.

2021년도 초 라이브커머스 시장에 굉장히 위협적인 플레이어가 등장했다. 바로 쿠팡이었다. 쿠팡은 사업 초기부터 굉장히 공격적으로 접근했다. 라이브커머스 인력만 시스템 개발인력까지 포함하면 거의 100명 가까운 인력을 투입했다고 한다. 이런 공격적인 투자로 기존 라이브커머스 플랫폼들에 위협이 되었다. 사업 초기에 인플루언서 출연자들 약 1,000명과 계약을 했고, 인플루언서 출연자들이 직접 라이브방송을 제작 송출하는 구조였다.

쿠팡의 라이브커머스 비즈니스 모델은 쿠팡에 입점해 있고, 라이브방송을 하고 싶은 업체와 자신들이 계약한 인플루언서들을 연결해서 방송하고 추가 방송 수수료 5%를 더 받는 형태다.

계약한 인플루언서들은 쿠팡의 상품들을 직접 선정해 라이브방송을 하고, 판매에 대한 일부 수수료를 받기도 한다.

그런데 고객 관점에서 보면 팬덤이 없는 일반 방송 진행자가 라이브방송을 한다는 이유로 방송을 찾아와서 보고 구매해야 할 이유가 없다. 쿠팡의 매출은 대부분 상품 검색을 통해 이루어진다. 이런 특성상 라이브방송은 쿠팡 고객들에게는 큰 메리트를 주지 못하고 있는 것 같다.

그리고 제휴 수수료를 포함한 라이브방송의 높은 수수료는 방송 상품의 가격경쟁력을 하락시켰다. 결국 쿠팡라이브는 현재까지 투자 대비 효과를 거두지는 못하고 있는 것 같다.

하지만 2022년에는 이런 기조에서 벗어나기 위해 다양한 시도가 나올 것으로 예상한다. 쿠팡은 2021년 매출 22조 원을 넘기고 국내 온오프라인 유통사를 통틀어 1위를 했다. 그래서 라이브커머스 시장에서 쿠팡이 어떤 모습을 보여줄지 더욱 기대가 된다.

2021년에 G마켓은 CJENM과 협업해서 〈장사의 신동〉이라는 예능형 라이브커머스를 선보였다. 신동이라는 연예인을 통해 사전 유튜브 콘텐츠로 홍보를 하고, G마켓 라이브방송으로 판매하는 형태다. 라이브방송을 100만 명 이상 시청하고 매출도 최소 억대 단위로 나온다. G마켓은 라이브커머스를 자사 기획전의 새로운 마케팅 툴로 활용을 하고 있다. 방송 상품들도 빅 브랜드 중심의 기획전 형태로 운영된다. 현재 매일 밤 8시 G라이브가 진행되고, 〈장사의 신동〉 기획프로그램은 격주로 운영 중이다.

아직 라이브커머스가 주요 서비스라기보다는 테스트를 하고 있다. 〈장사의 신동〉은 신동의 출연료와 제작비 등 많은 비용을 투자하고 있다. 현재까지는 매 방송마다 수익을 크게 낼 수 있는 구조는 아니다. 아무리 매출이 많이 나와도 현재까지는 수익 구조상 이익을 낼 수는 없다. G마켓도 이 부분을 인지하고 라이브커머스를 G마켓 자체의 트래픽 유입 및 마케팅 홍보 목적으로 사용하고 있다. 2022년에 라이브방송을 확대 운영할 것으로 생각된다. G마켓이 신세계그룹에 인수합병 되고, 라이브커머스를 어떻게 운영하게 될지 귀추가 주목된다.

SSG.COM은 2021년부터 SSG.LIVE 서비스를 시작했다. 아직 자체 제작인력은 없지만, 외부제작사를 활용해 방송을 운영하고 있다. SSG 라이브의 경쟁력은 빅 브랜드 상품의 소싱 능력이다. SSG는 이마트와 신세계백화점을 기반으로 빅 브랜드 소싱 능력이 좋다. 라이브커머스는 대부분 충동구매이기 때문에 누구나 아는 브랜드 상품을 최저가로 제안할 때 매출 규모가 크다. 특히 패션, 뷰티, 가전 카테고리 브랜드 상품들의 매출이 좋다.

신세계백화점도 SSG과는 별개로 백화점라이브를 진행하고 있다. 실제 백화점 매장에서 브랜드 매니저들이 스마트폰으로 라이브방송을 송출한다. 상품에 관해 가장 많이 알고 있는 브랜드 매니저가 출연한다는 것은 분명 강점이다. 그러나 오프라인 매장에 최적화된 매니저들이 라이브커머스에 적응하기에는 많은 시간이 필요하다.

백화점 오프라인 판매와 온라인 라이브방송 판매 환경은 많이 다르다. 향후 이런 부분들이 보완된다면 상품력이 좋기 때문에 분명 많은 고객들에게 사랑받을 수 있을 것이다. 바빠서 백화점 오프라인 매장을 방문하지 못하는 고객들이 라이브커머스 방송을 통해 매장을 구경하고, 채팅을 통해 궁금증들을 해결하며 구매할 수 있는 날이 빨리 올 수 있을 것 같다.

대부분의 온라인쇼핑몰들이 라이브커머스에 뛰어들고 있다. 상품 풀이 있고 온라인 마케팅 노하우가 많은 것은 분명 라이브커머스에 강점이 될 수 있다. 하지만 온라인쇼핑몰들은 방송 콘텐츠에 대한 이해가 부족할 수 있다. 고객과 시청자는 특성이 다르기 때문이다. 판매방송에 대한 노하우를 좀 더 쌓는다면 향후에 라이브커머스 시장에서 충분히 영향력을 높일 수 있을 것이다. 온라인쇼핑몰들이 라이브커머스의 메인 플랫폼으로 자리 잡기 위해서는 상품을 판매하는 협력사와 방송을 시청하고 구매하는 고객들이 모두 혜택을 누릴 수 있는 생태계가 되어야 한다.

07

라이브커머스
플랫폼 알아보기 ③ _
기타 IT 플랫폼

Grip 배민쇼핑라이브 bithumb LIVE INTERPARK yanolja

기타 라이브커머스 플랫폼

국내 IT플랫폼의 대표인 네이버와 카카오는 앞 장에서 별도로 설명을 해서 그 외 라이브커머스를 하는 IT플랫폼들을 중심으로 설명하겠다.

🎤 그립컴퍼니-그립

그립은 2019년 2월에 오픈한 국내 첫 라이브커머스 전용 플랫폼이다. 그리퍼라는 출연자들과 판매자들을 연결해서 라이브커머스 방송을 하는 오픈 플랫폼이다. 그리퍼로는 유명한 개그맨이나 연예인 셀럽들도 있다. 대표적인 그리퍼가 개그맨 유상

무다. 방송당 5,000만 원씩 매출을 올리기도 한다. 그립에서는 하루에도 수백 개의 라이브방송이 송출되는데, 소상공인 사장님들이 오프라인 매장에서 직접 방송을 많이 한다. 코로나 이후 오프라인 매장 사장님들이 생존을 위해서 그립 라이브방송에 많이 뛰어들었다. 현재 많은 성공사례들이 나오기 시작한다.

그립 초창기만 해도 30대 젊은 고객들이 많다고 생각했는데, 최근 발표한 자료에 따르면 그립 메인 구매 고객층이 50대라고 한다. 모바일로 유튜브 영상도 많이 보고, 홈쇼핑처럼 방송을 보고 구매하는 형태에도 익숙한 50대들이 그립에서 많은 구매를 하고 있다.

그립컴퍼니는 네이버에서 스노우 서비스를 론칭했던 서비스 기획자와 시스템 개발자들이 만들었다. 라이브커머스 플랫폼은 시스템 개발 요소가 상당히 많다. 첫 번째, 기본적으로 물건을 사고팔 수 있는 커머스 시스템이 필요하다. 네이버 스마트스토어 같이 판매자들이 상품을 등록하고, 고객들이 구매 및 결제하고 배송하는 고객서비스가 운영가능한 시스템이다. 두 번째, 라이브방송을 하기 위해서는 실시간 스트리밍 송출 시스템과 채팅 시스템이 필요하다. 1시간 동안 끊기지 않고 고화질로 다수의 사람들에게 라이브방송을 송출하고 채팅으로 소통해야 한다. 세 번째, 이 모든 시스템을 앱을 통해서 판매자와 구매자가 만나는 통합 앱 개발을 해야 한다. 이 3개의 시스템 하나하나가 많은 시간과 비용이 투입된다. 그립은 라이브커머스 전용 플랫폼으로 이 3가지 시스템을 모두 갖추고 있다.

최근에 카카오가 그립을 1,800억 원에 인수한 배경에는 이 시스템 부분도 많은 영향을 미쳤다고 한다. 작년 그립이 일본에 진출했고, 추가 해외 진출도 검토 중이라고 한다. 카카오는 그립을 글로벌 라이브커머스 플랫폼으로 키우려고 한다. 카카오라는 든든한 지원군을 얻은 그립의 글로벌 진출을 응원한다.

향후 당근마켓이 라이브를 하게 된다면 지역 소상공인들의 라이브커머스를 지원하면서 그립 형태로 발전시키지 않을까 조심스럽게 예측해본다.

🎤 배달의민족 - 배민쇼핑라이브

국내 배달앱 1등 배달의민족은 2021년 3월, 배민쇼핑라이브를 론칭했다. 배민쇼핑라이브는 다른 라이브커머스 플랫폼과 다르게 식품 중심의 라이브방송을 하고 있다. 하루에 4개 정도 방송을 진행하는데, 배달 앱에 트래픽이 몰리는 점심시간대와 저녁시간대에 주로 편성 운영을 한다. 대부분 식품 특화 방송이 많고, 배달 앱 특성상 배달 시켜 먹을 수 있는 식품들은 매출이 적고, 배달이 어려운 생수나 신선식품, 과일 및 외식상품권 등이 매출이 높다고 한다. 최근 식품 이외의 카테고리로 상품 확장을 테스트하고 있다. 에어프라이어 같은 경우 억대 매출을 올리기도 했다. 현재는 생활용품과 뷰티상품까지 시도하고 있는 중이다. 향후에는 식품 이외 상품군들도 많이 늘어날 것으로 예상된다.

배민쇼핑라이브의 주요 타깃은 20, 30대 1인 가구로, 다른 라이브커머스 채널에 비해 상당히 젊은 편이다. 그래서 가격에 예민하고 2만 원 이하 저가상품들이 좀 더 반응이 좋은 것 같다.

진짜 전문가가 알려주는 **대한민국 모바일 라이브커머스**

라이브방송도 자체 제작을 늘리고 있는데, 방송도 트렌드하고 재미있게 연출하고 있다. 2022년에는 오픈라이브 서비스를 확대해서 방송 개수도 늘리며, 라이브플랫폼으로서 성장하려고 준비하고 있다. 배민의 퀵커머스 서비스들과 시너지를 낼 수 있는 라이브커머스 방송도 조만간 만나볼 수 있지 않을까 한다.

🎙 빗썸-빗썸라이브

2022년 초 비트코인, 이더리움을 거래할 수 있는 가상화폐거래소 빗썸에서 빗썸라이브를 오픈했다. 더립이라는 라이브커머스 플랫폼을 인수하고, 여러 제작업체들과 협업을 통해 라이브커머스 시장에 뛰어들었다. 현재는 일반적인 상품들을 라이브커머스로 방송하고 있다. 향후에는 팬덤이 있는 NFT 상품이나 블록체인이나 메타버스 기술을 활용한 상품들을 판매할 것으로 예상된다. 최근 유명작가들의 NFT 그림들이 수백에서 수천만 원에 가상화폐로 거래되고 있다. 이런 무형의 NFT 상품들이 빗썸라이브 방송으로 보는 날이 조만간 올 것 같다. 또한 엔터테인먼트사와 협업을 통해 아이돌 굿즈 NFT 상품들도 라이브커머스를 통해 살 수 있게 될 것이다. 빗썸라이브가 이제 시작했지만 앞으로 어떻게 발전할지 궁금하다.

앞으로 다양한 플랫폼들이 새롭게 라이브커머스에 뛰어들 예정이다. 이제 라이브커머스는 어떤 플랫폼에서든지 필수불가결한 서비스로 자리 잡을 것이다. 라이브커머스 시장이 어떻게 변화하고 발전할지 흥미롭다.

08

라이브커머스
플랫폼 알아보기 ④ _
글로벌 IT 플랫폼

전 세계적으로 라이브커머스는 중국이 가장 활성화되어 있고 규모도 크다. 2016년 초 타오바오와 징동 등 플랫폼에서 처음으로 라이브커머스를 시작했다. 2018년도 콰이쇼우, 도우인(틱톡 중국 버전) 등 여러 업체가 라이브커머스 서비스를 시작했고, 중국 정부의 많은 지원으로 유명 왕홍(인플루언서)들이 등장하기 시작했다. 2020년 코로나 19로 라이브커머스가 급성장하면서 누적 방송 횟수 약 2.4만 회, 시장 규모 9,610억 위안으로 늘어났다. 라이브커머스를 시작한 지 5년 만에 1조 위안의 시장으로 성장한 중국의 사례로 인해 전 세계에서 라이브커머스에 열광하고 있다.

중국 라이브커머스 업체들

진짜 전문가가 알려주는 **대한민국 모바일 라이브커머스**

기존 동영상 플랫폼의 절대 강자 유
튜브도 이 시장을 주목하며 기존 유튜
브 라이브방송 기능에 실시간으로 고
객과 소통하면서 상품을 직접적으로 판매할 수 있는 시스템을
준비 중이다.

기존에 팬덤을 확보했던 유튜버들이 자신의 팬덤으로 상품을
소개하고 라이브를 통해 판매를 직접 할 수 있게 되면, 이제는
유명 유튜버들이 하나의 유통채널이 될 수도 있을 것이다. 유튜
브도 광고 비즈니스모델 이외 커머스라는 새로운 비즈니스 모
델을 얻을 수 있기 때문에 적극적으로 준비할 것이다.

그러나 유튜브는 본질적으로 광고를 보지 않고 재미있는 영상
이나 관심 있는 정보 동영상을 보기 위해 이용한다. 짧은 5초 광
고도 보기 싫은 시청자는 돈을 내고 광고를 안 보는 플랫폼이다.
아무리 팬덤이 있는 유튜버라도 라이브커머스 방송으로 판매를
한다면, 팬들이 얼마나 좋게 받아들이고 구매를 해줄 수 있을지
는 미지수다. 아직도 뒷광고 논란들이 많은 유튜브 시장이라서 실
제 서비스가 오픈하고, 어떻게 성장할지는 지켜봐야 할 것이다.

현재 글로벌 SNS플랫폼 중에서 커
머스 활동이 가장 활발하게 일어나
는 서비스는 메타의 인스타그램이다.
30대 젊은 여성분들은 상품검색을 인스타그램에서 하고 정보를
얻고 있다. 그리고 많은 인스타 인플루언서들은 IGTV 라이브방
송을 통해 공동구매 형태로 라이브커머스 방송을 이미 하고 있
다. 인플루언서를 위한 커머스 기능을 앱 내에서 이루어질 수 있

도록 소셜미디어 플랫폼의 커머스화를 진행 중이다. 개인적으로 가장 위협적인 글로벌 라이브커머스 플랫폼이 인스타그램이다. 이미 인스타그램 이용자들은 커머스의 경험을 하고 있다. 라이브방송 기능도 이미 있고, 인플루언서들과 고객과의 신뢰도 구축되어 있다. 인스타그램에서 커머스 기능만 좀 더 제공한다면 라이브커머스 시장에서 큰 영향력을 행사할 수 있을 것이다.

틱톡은 10, 20대에게 절대적인 지지를 받고 있다. 글로벌 숏폼 콘텐츠 플랫폼 틱톡은 중국에서는 완전히 커머스플랫폼으로도 자리를 잡았다. 2020년 중국 내에서 라이브커머스로 약 8조 6,000억 원의 매출을 올렸다. 숏폼 콘텐츠를 보다가 라이브커머스 방송으로 유입되어 충동구매를 일으키는 비즈니스 모델이다. 중국에서는 지역 소상공인들이 매장에서 장사를 하며 특별한 멘트 없이 라이브를 틀어놓고 온라인으로 판매를 한다고 한다. 틱톡이 국내에 라이브커머스 사업 진출을 모색 중이지만, 아직 확정된 내용은 없다. 10, 20대 타깃으로 한정되어 있고, 커머스 기능도 아직 불확실하기 때문에 2022년 안에 틱톡 라이브커머스를 보기는 쉽지 않아 보인다. 다만 중국 시장에 수출을 하는 업체들이라면, 틱톡 라이브를 활용해보는 것도 괜찮을 것이다.

코로나19 이후 전 세계적으로 온라인커머스 시장이 급격히 커져 가고 있으며, 유튜브, 넷플릭스 등으로 모바일 콘텐츠 소비 인구가 급격히 늘어나고 있다. 글로벌 플랫폼들이 라이브커머스에 관심을 가지고 서비스를 준비하고 있어서 앞으로 몇 년간 라이브커머스 시장은 급격히 확대될 전망이다. 미리 이 시장을 선점해야 한다.

진짜 전문가가 알려주는 **대한민국 모바일 라이브커머스**

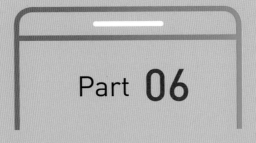

Part 06

돈 버는 라이브커머스
구조의 이해

01

라이브커머스
제작 프로세스 총정리

라이브커머스의 제작 프로세스는 기획(상품, 콘텐츠), 마케팅(이 벤트, 프로모션, 광고, 방송알림) 실시간 라이브방송, 구매 후 분석 등 4단계의 프로세스를 거친다. 많은 시청자를 끌어모으고 매출 효과를 높이기 위해서는 무엇보다도 방송할 상품이 어떤 상품인 지 세밀하게 분석해 이 상품의 타깃고객이 누구인지 잘 파악하 는 것이 핵심이다. 이어서 상품의 스토리와 장점을 잘 전달할 수 있는 콘텐츠 기획력도 중요하다. 여기에는 콘텐츠 기획을 총괄 하는 PD와 상품기획 MD의 파트너십이 중요하다.

먼저 판매하는 제품에 대한 정보를 세밀하게 검색하고 분석해

① 기획 (상품 선정, 콘텐츠 기획)	② 마케팅	③ 실시간 방송	④ 구매 후 분석
상품 기획, 선정 방송콘티 구성, 진행자 섭외, 방송 CG 배너 디자인	타깃고객 설정 앱푸시, 배너 등 마케팅 프로그램 실행	방송 진행, 송출 시청자 소통(채팅, 댓글) 구매 프로세스	구매고객 분석 고객 반응 체크 고객 리뷰 분석

야 한다. 검색하는 정보중에는 제조사에서 제공하는 제품에 대한 상세설명서도 있지만, 고객들이 평가하는 상품리뷰 같은 정보를 세밀하게 검토하는 것이 더 효과적이다.

최근 한 조사에 따르면 쇼핑 때 "상품 리뷰(후기)를 참고한다"라는 고객이 70%에 육박한다. 이런 소비패턴을 겨냥해 고객 리뷰를 적극적으로 활용하는 것이다. 특히, 이커머스 업체들이 인공지능 데이터 분석 및 자동분류 시스템을 활용해 고객후기를 마케팅 수단으로 활용하고 있다.

그 정보를 바탕으로 1시간 동안 어떻게 시청자들과 소통하고 즐길지 시나리오와 콘티를 구성하고 여기에 방송을 진행할 방송 진행자도 선정해야 하는데, 가장 상품을 돋보이게 할 수 있는 최적화된 방송 진행자를 고르는 데는 특히 많은 고민을 해야 한다. 인플루언서, 전문쇼호스트, 연예인, 셀럽 중에 가장 상품을 잘 이해하고 돋보이게 할 수 있으며, 고객과 원활하게 소통할 수 있는 사람을 선정하는 것이다.

방송 진행자는 기본적으로 뛰어난 상품 전달력을 가지고 있어야 하고 제품 관련 전문지식도 갖춰야 하지만, 이 중에서도 연예인, 셀럽, 인플루언서의 장점은 이들이 다양한 팬층을 가지고 있으며, 차별성과 소통이라는 장점이 있기 때문에 그들의 팬덤이라면 방송을 시청하거나 물건을 구매할 확률이 더 높아지는 효과가 있다. 단 인플루언서, 셀럽의 다소 비싼 출연료는 고려해야 할 사항이다.

다음은 방송의 시각적 완성도와 상품의 전달력을 높여줄 수 있는 상품 콘셉트에 맞는 스튜디오 배경과 상품 디스플레이를

진짜 전문가가 알려주는 **대한민국 모바일 라이브커머스**

준비해야 한다. 그다음은 기술 부분으로, 영상 콘텐츠 디자인 작업, 송출 시스템 및 카메라 앵글 점검, 송출 장비 및 송출할 라이브 플랫폼별 기술조정 등을 사전에 점검해야 한다.

방송 전 마지막 단계는 마케팅 실행이다. 일단 마케팅 가용예산을 확인하고, 예산 내에서 상품 연관성 및 마케팅 예산에 따라 마케팅 실행 계획을 수립한다. 먼저, 온라인 배너광고, 앱푸시, 커뮤니티 바이럴 등 방송 효과를 높일 수 있는 프로모션 수단을 체크하고, 방송 중에는 고객의 구매율을 높이기 위해 구매 인증이벤트, 추첨, 추가할인, 사은품 증정 등 프로모션을 준비한다. 이러한 과정을 거치면 방송 전 단계는 끝이 난다.

방송 중 단계는 라이브방송이 진행되는 1시간 동안인데, 관련 스태프들이 가장 집중해야 할 시간이다. 방송이 사고 없이 잘 송출되고 있는지, 음향이나 영상에 문제가 없는지 이렇게 PD, 기술팀 등 모든 스태프들이 각자 R&R(역할)을 사전에 체크하고 리허설한다.

또한, 방송 중 방송 진행자가 고객과 소통하고 있지만, 많은 채팅이 올라오기 때문에 상품 기획자 등이 별도로 실시간 모니터링을 할 필요가 있다. 지속적으로 채팅 내용을 확인하고 놓치는

방송 전	방송 중
·스튜디오 배경, 디스플레이 디자인 ·방송 소품준비 ·방송 진행자 리허설 ·카메라 점검 ·방송 송출 시스템 점검 ·마케팅 프로모션 실행 체크 ·CG자막 및 가격 확인 점검	·음향 영상 수시 점검 ·송출 기기 지속 체크 ·고객과의 채팅 댓글 모니터링 ·마케팅 진행 현황 점검 ·구매 현황 체크 스태프 공유

내용이 없도록 대응해야 한다. 또한, 여러 시스템 문제로 생길 수 있는 다양한 방송사고도 항상 준비해야 한다.

　이렇게 많은 프로세스 과정을 거쳐 탄생되는 것이 라이브커머스 방송이다. 방송을 마치게 되면 고객 방송 후기(리뷰)를 철저히 모니터링하고 전 방송 스태프들과 공유한다. 만약 실수나 잘못된 부분이 있었다면 다시 재발하지 않도록 점검하며 상품 판매 현황, 고객 반응도 분석해 상품기획자 파트와 추후 상품 준비 시 참고자료로 활용한다. 라이브를 준비하고 진행하는 과정도 중요하지만, 방송 후 다양한 분석을 통해 개선할 사항을 찾아 점검하는 것도 라이브커머스 방송과 업계 발전을 위한 중요한 과정이다.

02

라이브커머스에서 돈을 벌려면, 누가 돈을 어떻게 버나?

현재 라이브커머스 플랫폼 업계에서 수익을 내는 곳은 많지 않을 것이다. 솔직히 말하자면 출연료를 받는 인플루언서나 셀럽, 쇼호스트 같은 방송 진행자만이 수익을 내고 있을 뿐이다. 그러면 라이브커머스 모든 플랫폼이 적자라는 말인가? 빠르게 성장하고 많은 매출을 올리고 있다고 알고 있는데, 이 말을 들으면 의아해하시는 분들이 많을 것이다.

라이브커머스 운영 구조는 먼저 상품을 공급하는 제조 협력 회사가 있고, 제조사 상품이 입점해서 판매를 하고 있는 라이브커머스 플랫폼사가 있다. 라이브커머스 플랫폼사는 자체적으로 운영하는 플랫폼을 통해 방송을 하고 있지만, 일부 라이브커머스 플랫폼들은 매출, 트래픽 확대를 위해 네이버나 카카오, 그립 같은 전문 라이브커머스 플랫폼에 입점해 방송 중이다. 거기에는 제휴사 플랫폼 수수료가 추가된다.

이 비용 구조를 세부적으로 정리하면 제조회사가 라이브커머스를 통해 상품을 팔았을 때, 이 제조회사는 라이브커머스 플랫폼사에게 일정 수수료를 낸다. 때에 따라서는 수수료 외에 라이브커머스 제작비나 마케팅 비용 일부를 부담하기도 한다. 제작사가 이렇게 제작비나 마케팅 비용까지도 내면서 라이브를 하는 이유는 홍보 효과가 크기 때문이다. 신상품이나 기획상품, 스페셜에디션 같은 경우에는 효과적인 홍보를 위해 한 번에 많은 시청자를 끌어모을 수 있는 라이브커머스를 선택한다.

라이브커머스 플랫폼사들은 크게 2가지 부분에서 비용이 들어간다. 먼저 제작비다. 아무리 자체 스튜디오를 구축하고 스태프를 갖추고 있더라도 평균 제작비는 200만 원 수준이거나 그 이상이다. 먼저 스태프들의 인건비다. 여기에는 PD, 카메라 기술 스태프, 영상 디자인 편집, 상품기획자 인건비가 들어간다. 인건비 외에 제작비는 스튜디오 연출, 상품진열, 방송 소품비, 메이크업, 의상 등의 비용이 들어간다. 마지막으로 방송 상품의 중요도에 따라 다양한 방송 진행자를 선정하게 되는데 이러한 출연료는 수십만 원에서 수백만 원까지 방송 진행자 인지도에 따라 달라진다.

또 방송 중요도에 따라 추가로 진행되는 사전 마케팅 프로모

라이브커머스 제작비 및 비용구조 내역

구분	세부내용
제작비	방송 진행자 출연료/스튜디오 배경, 디스플레이 비용/푸드 소품 및 세팅비용 헤어메이크업, 의상/외부 제작 시 조명 출장비용
인건비	연출(PD)/기술 스태프 카메라 촬영/MD 상품기획/영상 디자인 CG 등
투자비	스튜디오 구축비/카메라 등 장비/음향 장비 외 기타 방송 지원 장비 송출 시스템/편집 장비 소프트웨어 등

션 비용으로 디지털 배너광고, 앱푸시, 커뮤니티 바이럴 등의 비용이 있다. 방송 중에는 구매인증이벤트, 추첨, 추가 할인, 사은품 증정 등의 프로모션 비용이 들어가게 되는데, 방송 상품 중요도에 따라 수십만 원에서 100~200만 원의 비용이 소요된다. 또한 트래픽 확대를 위해 네이버나 카카오 플랫폼과 제휴하게 되면, 추가로 메이저 플랫폼 입점 수수료를 지급하게 되는데, 이 수수료 비용도 만만치가 않다.

결론적으로 말하자면, 당사 같은 홈쇼핑 라이브 플랫폼사들이 비용을 커버하고 수익을 내려면 라이브당 평균 2,000만 원 수준의 매출을 올려야 BEP 매출 수준을 달성하게 된다. 모든 라이브 플랫폼 사들을 통틀어 방송마다 2,000만 원의 매출을 올리기가 쉽지 않다.

그래서 CJ나 현대 같은 어느 정도 트래픽이 확보가 되는 메이저 홈쇼핑사들은 별도 수수료를 지급해야 하는 네이버나 카카오 등의 플랫폼사 입점보다는 자체 앱 플랫폼에서 자체적으로 라이브를 진행하는 데 집중하고 있다. 하지만 트랙픽 확보가 쉽지 않은 커머스사들은 카카오나 네이버 같은 포털 플랫폼에 매출 확대를 위해 수수료를 지급하고 입점할 수밖에 없는 사업구조다.

앞서 '라이브커머스 분야에서 지금 현재 돈을 버는 것은 방송 진행자가 유일하다'라고 말씀드렸다. 라이브커머스 매출이 아직

라이브커머스 수익 구조

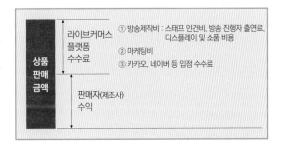

은 높지가 않고 안정적이지 않은데, 경쟁은 치열해지다 보니 셀럽, 인플루언서 몸값만 올라가는 현상이 있다.

그러면 카메라 촬영보다 편리하고 비용이 덜 드는 핸드폰으로 찍어서 송출하지, 왜 이렇게 많은 비용을 들여서 방송을 제작하냐고 물어보는 독자가 있을 것 같다.

첫째, 오로지 핸드폰만으로 촬영하면 영상의 퀄리티가 떨어진다. CG(컴퓨터그래픽 편집기능) 등의 다양한 미디어 기술을 활용할 수 없고, 제품을 상세하게 클로즈업해서 보어주기가 어렵다.

둘째, 라이브커머스가 경쟁적으로 빠른 속도로 발전하다 보니 고객의 콘텐츠에 대한 눈높이도 높아지고 있다. 이제는 고객을 끌어들이고 붙잡아놓으려면 스토리가 재미있고 화면의 퀄리티도 좋아야 한다.

이러한 이유로 라이브커머스가 아직은 투입되는 비용 대비 매출이나 이익 면에서 수익을 창출하기 어렵다. 그래서 라이브커머스가 수익을 내고 더 성장하려면, 앞으로 플랫폼의 덩치를 더 키우고 보다 많은 신규고객 확보, 시청자를 늘려서 매출, 이익 측면에서 규모의 경제를 달성해야 한다.

지금 라이브커머스 업계가 빠르게 성장을 하고는 있지만, 이 부분에 대한 해결책을 만들지 못하면 버틸 수 있는 업체의 수가 곧 한계에 다다르게 될 것이다.

현재는 라이브커머스가 국내 시장 형성 초기 단계로, 대부분의 입점 업체나 운영 회사가 수익을 내지 못한다. 주로 홍보 마케팅 용도로 활용하고 있지만, 그럴 수 있는 시간이 얼마 남지 않았다.

03

왜 라이브커머스가 뜨나? _
수요자와 공급자 측면 분석

라이브커머스가 짧은 시간에 이렇게 뜬 배경에는 당연히 코로나19로 인한 언택트 소비 트렌드가 큰 영향을 미쳤다. 최근 이베스트 투자증권 및 교보증권 애널리스트 분석에 따르면, 국내 라이브커머스 시장 규모가 2020년 3조 원에서 2023년에는 8~10조 원으로 빠르게 성장할 것으로 전망하고 있다.

이러한 라이브커머스의 빠른 성장의 원인을 고객 소비자의 수요자 측면과 제조, 브랜드, 유통사의 공급자 측면에서 분석해보자.

먼저 소비자의 수요자 측면에서 라이브커머스의 빠른 성장 원인은 첫째, 디지털 미디어 소비층 확대를 들 수 있다. 라이브커머스에는 일반 온라인쇼핑몰에서는 접할 수 없는 생생한 현장감과 미디어콘텐츠의 보는 재미, 라이브 방송 진행자와의 상호소통을 기반으로 MZ세대뿐만 아니라 50대인 X세대까지도 빠르게 흡수하며 다양한 연령층으로 확대되고 있기 때문이다.

둘째, 최근 유튜브나 넷플릭스 같은 OTT 서비스를 중심으로 미디어 콘텐츠 소비가 증가하는 현상을 들 수 있다. 최근 앱 인사이트 분석에 따르면, 전체 앱 사용자 중 가장 많은 사람들이 사용한 앱은 압도적으로 유튜브다. 유튜브가 모바일을 미디어 콘텐츠 중심으로 이동시키며, 온라인 유통 시장의 패러다임을 빠르게 전환시키고 있다.

셋째, 코로나19로 인해 비대면이 일상화되면서 오프라인을 통한 상품 구매가 아닌 모바일, 온라인을 통한 새로운 구매 경험이 확대되고 있다.

공급자 측면에서 라이브커머스의 빠른 성장요인은 유통업체뿐만 아니라 제조업체, 브랜드사가 다양한 니즈로 라이브커머스 시장에 진출하고 있다는 점이다. 이렇게 제조사가 라이브커머스 시장에 진입하는 가장 큰 원인은 첫째, 소비자와의 새로운 접점 확대가 필요한 부분이 있고, 또한 라이브커머스 콘텐츠의 재미 오락성은 고객의 체류시간을 늘릴 수 있는 장점이 있기 때문이다.

둘째, 제조업체와 판매자 간의 유통단계를 축소 시킬 수 있어 수수료 등의 비용을 아낄 수 있다. 즉 제조, 브랜드사의 D2C Direct to Customer (기업이 소비자와 직거래하는 형태의 비즈니스) 니즈가 증가하고 있다. 이를 위해 자체 미디어커머스 플랫폼 구축이나 네이버, 카카오 같은 메이저 라이브커머스 플랫폼 입점을 통해 미디어커머스 진출이 확대되고 있다.

더불어 5G 등 IT통신 기술이 더욱 발전하면서 방송 품질이나 구매 프로세스가 개선이 되어 더욱 많은 고객들과 협력회사들이 몰리는 기폭제가 되고 있다.

지난해 메조미디어가 온라인 설문을 통해 조사한 자료에 따르면, 온라인쇼핑 경험자의 61%가 라이브커머스를 이용할 의사가 있다고 대답했다. 연령대별로는 20대가 54%, 30대가 63%, 40대가 64%로 오히려 연령대가 올라갈수록 라이브커머스 시청 및 구매의향이 높은 것으로 나타나 이러한 트렌드를 잘 반영하고 있다.

라이브커머스를 선택하게 된 요인으로는 신속 명확성 29%, 소비자 선호도 22%, 방송 진행자 20%, 브랜드 파워 19%, 방송 시간대 18%, 제품 카테고리 13%, 주문 신속성 13%로 나타났다. 소비자의 수요자 측면과 공급자의 제조사 측면에서 라이브커머스 성장성, 발전가능성을 분석해보더라도 라이브커머스의 빠른 상승곡선은 앞으로 지속될 것이다.

04

유통 시장에서의
라이브커머스 영향력 전망

라이브커머스 운영의 핵심 3요소는 상품, 콘텐츠, 트래픽이다. 라이브커머스를 잘하기 위해서는 이 3가지 요소가 톱니바퀴처럼 잘 맞물려 돌아가야 한다. 이 중 라이브커머스를 처음 운영하는 대부분의 회사가 겪는 어려움은 상품, 콘텐츠보다는 트래픽이다. 트래픽^{Traffic}이란 온라인에서 네트워크 장치에서 전송되는 데이터의 양을 말한다. 트래픽이 많다는 것은 곧 사용자 접속이 많다는 것이다.

상품, 콘텐츠는 어느 수준까지는 먼저 시작한 선행업체를 따라갈 수 있지만, 트래픽은 선행업체 수준까지 가려면 많은 시간과 비용이 들 뿐만 아니라 구축하는 데 많은 노력과 어려움이 따른다.

트래픽은 온라인에서 말 그대로 모바일커머스를 이용하거나 방송을 보는 시청자나 방문하는 고객의 수라고 볼 수 있는데, 일반 홈쇼핑이나 전문 온라인쇼핑몰이 단기간의 투자로 구축하기 어려운 분야가 트래픽이다.

라이브커머스는 그래서 강력한 트래픽을 가지고 있는 카카오나 네이버, 쿠팡 같은 대형 메이저 플랫폼에 유리하다. 이와 같은 플랫폼들이 이미 많은 고객 데이터를 확보하고 있고, 이를 분석해서 언제든 활용할 수 있는 데이터 기반의 타깃 마케팅 역량을 보유하고 있기 때문이다.

이로 인해 카카오나 네이버 같은 대형 플랫폼에 입점하거나 희망하는 업체 수는 계속 증가할 것이며, 대형 플랫폼의 성장세는 가속화될 것이다. 부익부, 빈익빈 현상이 라이브커머스 플랫폼 업계에서는 지속될 것으로 예상된다.

또한, 상품 제조사나 브랜드사 입장에서도 온라인, 오프라인 유통사에 입점해서 수수료를 지급하는 것보다 직접 라이브커머스를 운영하는 것이 수익성을 올리고, 고객 구매 데이터 확보를 늘릴 수 있어서 라이브커머스 플랫폼을 통한 D2C 구축이 증가할 것으로 예상된다.

실제로 신세계인터내셔널은 2020년 4월부터 네이버 쇼핑라이브에 입점해 자체 브랜드라이브를 통해 높은 매출을 올리고 있으며, 같은 해 12월에는 자체 SI 라이브 플랫폼을 구축해 운영하고 있다.

백화점이나 면세점에 입점하게 되면 높은 수수료를 지급해야 하는데, 자체 라이브커머스 플랫폼에서는 수수료를 지급할 필요가 없다. 뿐만 아니라 직접 라이브커머스 운영을 통해서 자사 제품을 직접 고객에게 홍보, 판매함으로써 브랜드 홍보 효과를 누릴 수 있다. 경영에 필요한 고객의 구매 데이터를 얻을 수 있고, 중간 유통 수수료를 아끼는 등 여러 가지 장점을 누리고 있다.

이와 같은 현상을 봤을 때 네이버 같은 라이브커머스 대형 플랫폼의 성장과 D2C 시장의 확대는 기존 대형 오프라인 유통사에는 불리한 영향을 미칠 가능성이 클 것으로 보인다

특히 라이브커머스에서 판매 비중이 점차 늘고 있는 패션, 뷰티, 식품, 생활 같은 장르는 오프라인이나 기존 온라인 유통의 상당 부분을 잠식할 가능성이 클 것으로 보인다. 더불어 재미와 소통, 현장성을 무기로 가지고 있는 라이브커머스의 장점으로 여행, 숙박, 서비스, 공연, 렌탈 같은 무형상품 카테고리 판매 비중도 더욱 늘려갈 것이다.

이러한 추세에 따라 기존 오프라인이나 온라인 유통사들도 다양한 대응 전략을 수립하고 있는데, 네이버 같은 다양한 플랫폼에서 라이브커머스를 테스트하며, PD나 방송 진행자를 영입해서 라이브 제작 역량을 키우고 운영 노하우를 확보하고 있다. MCN이나 동영상 플랫폼에 대한 투자나 인수·합병도 앞으로 빈번하게 발생될 것으로 예상된다.

라이브커머스
핵심 성공 방정식 3요소 _
상품, 콘텐츠, 마케팅

라이브커머스 분야에서 일한다면 누구나 어떻게 하면 많은 시청자를 끌어들이고 대박 매출을 올릴 수 있을까 하는 고민을 하게 된다. 이 분야에서 일해 보니 모바일로 라이브를 시청하는 고객들은 인내심이 없고, 기다려주지 않는다는 특징이 있다. 단 5초만이라도 고객의 시선을 잡아놓을 수만 있다면 그 방송은 성공한 방송이고, 상품 판매에도 성공할 확률을 높일 수 있다.

케이블의 홈쇼핑 방송이 모바일라이브와 다른 점은 홈쇼핑 방송은 기본적으로 하루 평균 최소 500만 명 이상이 구매하든, 안 하든 방송을 보러 들어온다는 점이다. 이 많은 시청자들이 리모컨 채널을 돌리다 홈쇼핑 방송을 시청하게 되면, 시청자에서 바로 구매고객이 될 가능성이 높아지는 것이다. 한마디로 모바일 라이브에 비해 많은 잠재고객 시청자를 확보하고 있고, 구매할 확률이 높은 고객들을 가지고 있다는 말이다.

하지만 모바일 라이브커머스는 상황이 다르다. 고정시청고객이 없다. 사전에 그 방송을 효과적으로 못 알리면 정말이지 개인 방송 수준의 최소 시청자만 모셔놓고 라이브 방송을 하는 것이다.

또한 유튜버나 크리에이터 분들은 공감하시겠지만, 고객은 재미없는 썸네일이나, 흥미롭지 않은 방송이라면 최소 2~3초의 시간도 기다려주지 않는다. 즉, 시청자는 라이브커머스 방송이 눈길을 끌지 못하거나 재미없으면 한 번의 클릭으로 다른 곳으로 떠나버린다. 그렇다면 이렇게 기다려주지 않는 고객들을 어떻게 붙잡아 놓고 상품을 팔 수 있을까?

먼저 라이브커머스 핵심 성공 방정식 3요소에서 방법을 찾아보자. 성공 방정식 3요소는 상품, 콘텐츠, 마케팅(스토리, 재미, 쇼호스트 역량 등), 이 3가지다. 이 중에서 하나라도 부족하거나 빠진다면 성공한 방송이 될 수 없다. 톱니바퀴처럼 잘 맞물려 돌아가야 한다.

이 중에서도 첫 번째로 가장 중요한 것은 상품이다. 라이브방송의 특수성상 재미도 있어야 하지만, 일단 이 방송을 하는 목적이 소비자에게 구매 욕구를 불러일으키기 위한 상품을 보여주는 것이 첫 번째여서 고객이 관심 있고, 살 만한 상품을 찾아 쉽게 설명해야 한다.

예를 들어, 빨래에 쓰는 세탁세제를 설명할 때 방송이나 제조사들은 일반 고객들이 이해하기 어려운 첨단 화학 소재가 들어갔다는 것을 과학적으로 보여주려고 하지만, 소비자는 과학적인 요소, 소재에는 관심이 없을 뿐만 아니라, 이해하려고도 하지

진짜 전문가가 알려주는 대한민국 모바일 라이브커머스

않는다. 고객은 단지 그 제품을 통해 어떠한 결과를 얻을 수 있고, 어떤 혜택을 받을 수 있는가에만 관심이 있다.

두 번째로 콘텐츠적인 측면에서 시청자에게 흥미, 재미를 불러일으킬 수 있는 다양한 많은 시도가 진행되어야 한다. 콘텐츠가 재미없고 스토리가 없는 라이브의 경우에는 아무래도 재미가 반감이 되어 평균 시청시간이 1분을 넘기기가 어렵다는 점이다.

그래서 현재 라이브커머스는 예능 포맷이나 기존 공중파 방송의 드라마나 뉴스 형태, 다양한 게임 등과의 융합을 통해 진화하고 있으며, 오디션이나 드라마틱한 커머스방송 등의 다양한 시도가 진행되고 있다.

세 번째로 마케팅 관점에서는 고객과의 연결성을 잘 구현해 고객들이 방송에 들어오게 하고, 구매로 연결시키는 것이 중요하다. 상품 구매 여부를 알 수 없는 불특정 다수의 고객 100만 명보다 그 상품을 살 만한 고객 1만 명이 라이브커머스에는 더 효과적이다.

이렇게 상품, 콘텐츠, 마케팅 3요소는 라이브커머스 성공 방정식의 핵심 3요소로, 그 어느 것 하나라도 부족하면 실패한 방송이 된다. 이 핵심 3가지 요인을 잘 돌아가도록 기획하고 만드는 것이 라이브커머스의 방송 성공의 올바른 방향타가 될 것이다.

Part 07

라이브커머스
기초 배우기

01

라이브커머스 쉽게 알아보자 _
업의 본질

고객 : "분홍색 티셔츠 한번 입어봐주실 수 있어요?"

방송 진행자 : "아! 예! 바로 입어볼게요. 어떠세요, 고객님?"

고객 : "마음에 드는데, 청바지랑 같이 입어봐주실 수 있나요?
아! 더 예쁘네요! 사야겠어요."

캐주얼의류 가을 신상품 라이브 때 나왔던 고객과 방송 진행
자의 실제 채팅 대화 내용이다.

방송 중에도 고객과 대화하면서 고객의 쇼핑을 도와준다는
점이 라이브커머스 가장 큰 장점이자 차별화 요소다. 고객이 원
피스를 구매한다고 했을 때 실제 입어보니 어떤 스타일이고, 어
떤 재질인지, 촉감이 어떤지, 구김이 잘 가는지, 다른 옷과 매칭
은 어떤지, 방송 중에 정보를 얻게 되면 구매할 확률이 두세 배
로 확 올라간다.

상품에 관해 궁금한 사항들이 바로 해결되니 구매 전환율이

올라갈 수밖에 없다. 한 조사 결과에 따르면, 전통적인 전자상거래 구매전환율이 0.37%, 소셜전자상거래 구매전환율 6~10%, 라이브커머스 구매전환율은 무려 20%다. 100명이 시청하면 무려 20명이 구매한다는 말이다. 엄청나게 높은 수치다.

라이브커머스는 동영상 스트리밍(스마트기기에 다운로드하지 않고 실시간 재생하는 것)으로 상품을 판매하면서 고객과 실시간으로 소통하는 채널이다.

라이브스트리밍과 전자상거래(이커머스)의 합성어인 라이브커머스는 오픈마켓처럼 유통경로가 단순하고 협력업체가 입점하기 쉽다. 판매자가 다양한 라이브커머스 플랫폼에서 소비자와 실시간 소통을 하며 상품의 형태, 종류에 구애받지 않고 자신이 팔고 싶은 모든 것을 판매할 수 있다.

또한 셀럽, 인플루언서, 크리에이터, 전문 쇼호스트 등 방송을 진행하는 라이브 진행자의 콘텐츠를 실시간으로 고객과 소통하면서 판매하기 때문에 보는 재미가 있다. 재미난 콘텐츠와 다양한 상품이 함께 큐레이션 되는 곳이 라이브커머스다.

홈쇼핑과 라이브커머스 비교

구분	홈쇼핑	라이브커머스
핵심 연령	40~60대	20~40대
주요 채널	TV	모바일/PC/SNS
특징	쇼호스트가 일방적으로 상품을 설명해주는 **수동적 커머스 채널**	방송 진행자가 고객과 소통하며 차별화 상품과 재미있는 콘텐츠로 고객을 끌어들이는 **적극적 커머스 채널**

라이브커머스는 2017년 시작된 이후 오랜 기간 큰 변화와 발전 없이 유지되어오다가 2020년부터 코로나19로 인해 언택트(비대면), 온택트(온라인 중심) 트렌드가 확산되면서 불이 붙었다. 메이저 플랫폼사인 네이버, 카카오의 쇼핑라이브를 론칭이 기폭제가 되었다.

특히, 동영상에 익숙한 MZ세대들이 새로운 미디어 기반의 신쇼핑트렌드인 라이브커머스에 열광하고, 40, 50대까지 라이브커머스 구매에 뛰어들기 시작하면서 급성장하고 있다.

라이브커머스 메인 상품은 식품, 뷰티, 패션, 생활상품순으로 라이브 진행 횟수도 많고 매출도 높으며, 시간에 구애받지 않으면서 다양한 장소에서 라이브 할 수 있다는 것이 라이브커머스의 가장 큰 장점이다.

상품을 판매하는 매장, 공장, 산지, 어느 곳에서나 직접 방송을 진행할 수 있기 때문에 현장감과 생동감을 느낄 수 있다. 그러한 장소에서 고객과의 소통은 마치 매장에서 물건을 구매하는 듯한 경험을 제공하고 있어 새로운 유통모델을 창출하면서 빠르게 성장하고 있다.

결론적으로 라이브커머스는 판매자가 상품을 기획하고, 미디어를 통해 콘텐츠를 준비하지만, 방송을 시청하고 있는 고객과 함께 공감하고 소통하는 쇼핑모델이다. 새로운 신쇼핑트렌드로 앞으로 성장가능성이 더욱 커질 것으로 기대된다.

라이브커머스
성장 이야기

최초의 유통모델은 제조사가 핵심이었다. 상품을 만드는 제조사가 유통까지 책임지는 구조였다. 하지만 이마트 같은 대형유통사가 고객의 소비를 장악하면서 제조사는 단순 상품공급처가 되었고, 이러한 유통의 파워는 코로나19 이후 다시 미디어 콘텐츠를 가진 플랫폼으로 빠르게 넘어가고 있다.

이젠 유통의 파워는 미디어 콘텐츠다. 유튜브나 틱톡 같은 미디어 플랫폼이 유통 소비문화 트렌드를 주도하고 있다. 나이키는 신발 제조회사가 아니라 마케팅 콘텐츠 플랫폼 회사다. 공유경제 관련 세계최대 기업들인 Airbnb나 우버, 아마존이나 애플, 테슬라 등 앞서가는 세계 최고의 회사들 배경에는 뛰어난 콘텐츠 플랫폼이 있다.

지금 오고 있는 미디어 플랫폼 세상에선 유통이나 다양한 방송, 케이블 매체의 힘을 빌리지 않고 광고를 하고 판매를 할 수 있어 고객에게 얼마나 영향력 있고 감동을 줄 수 있는 콘텐츠를 만드는 것이 더욱 중요해졌다. 콘텐츠에 대한 이해도가 떨어지거나 콘텐츠 경쟁에서 밀리면 어느 순간 잊혀져가는 브랜드가 될 수도 있다.

국내 라이브커머스 시장은 이커머스 사업자를 비롯해 홈쇼핑사 등 유통사업자들이 주도해왔다. 마약베개를 히트시킨 브랜드엑스코퍼레이션처럼 판매를 위해 재미있는 예능형 미디어 콘텐츠를 활용하려는 시도는 직접적인 소통과 재미를 줄 수 있는 라이브커머스로 진화했다. 이제는 많은 다양한 기업들이 라이브커머스 콘텐츠 시장에 뛰어들고 있다.

라이브커머스 시작은 티몬이다. 온라인쇼핑몰 회사인 티몬은 2017년부터 전문 쇼호스트 및 연예인 게스트 출연으로 단순히 상품을 판매하는 것뿐만 아니라 재미와 볼거리도 제공하며 채팅을 통해 실시간으로 소통하는 라이브 방송 티비온 운영을 처음으로 시작했다.

비슷한 시기 CJ, GS, 롯데홈쇼핑이 자체 보유하고 있는 미디

라이브커머스의 성장 단계

라이브커머스 1세대	라이브커머스 2세대
· CJ, GS, 롯데 등 홈쇼핑이나 온라인 쇼핑몰 주도 　- 홈쇼핑 제작기반, 마케팅 노하우를 통한 미디어 방송 제작능력 보유 　　(스튜디오, 카메라, 기술 스태프, 방송 진행자) 　- 트래픽, 시청자 확대, 상품 차별화 등 한계, 대중성 확보에는 실패	· 네이버, 카카오 등 메이저 플랫폼사 주도 　- 모바일 광고 강점(배너 등) 　- 막강한 고객데이터 기반의 타깃팅 앱푸시 　- 최소 수백만의 고객 트래픽 확보 　- 오픈라이브 등장으로 누구나 라이브커머스에 참여 가능 라이브커머스 생태계 확대

어 제작 기술 기반 및 마케팅 노하우로 라이브커머스 사업에 뛰어들었지만, 플랫폼, 트래픽, 상품의 한계를 드러내며 유통모델 전반에 새로운 변화의 바람은 일으키지 못했다. 이때까지만 해도 라이브커머스 사업이 이렇게 크게 성장할 것으로 기대한 사람들은 많지 않았을 것이다.

라이브커머스의 성장에 터닝포인트가 된 것은 코로나19 이후 메이저 플랫폼사인 네이버의 본격적인 쇼핑라이브 진출이다. 네이버는 막강한 트래픽과 스마트스토어, 고객 데이터를 가지고 있는 메가 플랫폼이다. 모바일 광고의 핵심인 배너, 앱푸시 등의 강력한 무기를 가지고 있는 네이버가 쇼핑라이브에 본격적으로 진출하고, 모든 제조회사나 유통사에 열린 입점 기회를 제공하면서 라이브커머스 업계 판을 키우며 성장을 주도하고 있다.

이렇게 오픈라이브를 추구하고 있는 개방형의 네이버와는 다른 방향으로 비오픈 기획형 라이브커머스를 시작한 카카오의 진출은 카카오의 막강한 카카오플러스친구 회원 및 카카오톡의 트래픽, 앱푸시를 바탕으로 라이브커머스 업계를 한 단계 업그레이드 시키고 있다. 이 두 회사의 본격적인 쇼핑라이브 진출은 두 회사 간의 경쟁을 통해 라이브커머스 업계를 더욱 발전시키는 기폭제가 될 것으로 예상되고 있다.

이러한 메이저 플랫폼의 라이브커머스 진출과 성장은 그립, 인스타그램, 틱톡, 11번가, 배달의민족 등 다양한 플랫폼들의 라이브커머스 사업을 본격화시키는 계기가 되면서 빠르게 성장하고 있다.

03
라이브커머스가
진화하고 있다

최근 라이브커머스는 방송 쇼호스트가 단순히 상품만을 판매하는 홈쇼핑 형태의 방송에서 벗어나고 있다. 기존 라이브에서는 보지 못했던 새로운 경험을 시청자에게 제공하며, 예능 토크쇼 형태로 진화하고 있는 것이다.

라이브커머스 시장이 커지고, 기존 홈쇼핑에서는 만나지 못했던 다양한 상품들이 우후죽순 쏟아져 나오고 있다. 차별화 차원에서 유명 연예인을 핵심 방송 진행자로 섭외하고, 예능 형태의 새로운 방송 포맷을 내세우는 사례가 늘고 있는 것이다.

새로운 형태의 방송 포맷은 유명 연예인이 유튜브 방송을 통해 먼저 해당 라이브 상품의 장점, 특징을 재미있게 예능 형식으로 소개하면서 홍보를 극대화하고, 특정방송 일자에 별도의 라이브 플랫폼에서 방송하는 형식이다. 대표적인 콘텐츠는 앞서 언급한 G마켓 〈장사의 신동〉이다.

이러한 방송 포맷의 가장 큰 특징은 CJ ENM 같은 엔터테인먼트 제작사, SM 같은 연예인 기획사, G마켓 같은 온라인커머스사의 결합이다. 이러한 형태의 방송이 인기를 끌게 된 배경에는 2가지 요인이 있다.

첫째, 〈박준형의 와썹맨〉처럼 유튜브 인기를 타고 많은 엔터테인먼트사들이 유튜브 예능에 뛰어들었다. 그러나 유튜브 예능의 단점인 직간접 광고비, 유튜브 광고비, PPL 광고비 외에는 들어오는 수입이 없어 공중파 프로그램 제작비에 육박하는 제작비용, 연예인 출연료를 감안하면 수익을 내기 어려운 점이 많았다. 그래서, 이러한 예능형 방송을 통해 콜라보 상품을 개발하거나 라이브커머스에 직간접적으로 진출해서 추가 수익창출을 하고 있는 것이다.

둘째, MCN사나 엔터테인먼트사들이 보유한 셀럽, 인플루언서, 연예인을 통한 광고 수익 창출이 점점 어려워지고 있는 상황이 오고 있기 때문이다. 다양한 케이블 미디어 매체가 우후죽순 생기며 TV방송이나 광고들이 점차 줄어들고 있다. 너무 빠른 트렌드 전환으로, 소속 연예인의 인기가 식고 빨리 소모되는 현상이 발생하고 있는 것이다. 특히, 코로나19 이슈로 오프라인 행사도 줄어들어 많은 연예인들이 생존 차원으로 라이브커머스와 유튜브 시장으로 뛰어들고 있다.

그룹 슈퍼주니어 멤버 신동은 2021년 5월부터 G마켓 예능형 라이브커머스 〈장사의 신동〉을 통해 소비자를 만나고 있는데, 신동은 SM엔터테인먼트 기획사 소속으로 〈장사의 신동〉 유튜브 프로그램은 CJENM에서 제작해 유튜브나 SNS 채널을 통해 방송하고, 라이브는 이베이의 G마켓 라이브커머스 플랫폼을 이용해 판매 방송을 하고 있다.

G마켓에 따르면 방송 초반에 LG오브제, 삼성전자 비스코, 설화수 등 4회 방송을 통해 올린 매출이 20억 원에 달한다. 최근에는 누적매출액 100억 원을 달성했다고 한다. 최근 방송에서도 평균 시청자는 50만 명이 넘고 있고, 매출도 기대 이상으로 나오고 있어 시청자, 매출 두 마리 토끼를 다 잡으면서 성공한 프로그램으로 자리 잡고 있다.

이러한 예능형 방송은 2가지 장점 및 효과가 있다. 첫 번째로 홍보 광고 효과다. 최고의 미디어 플랫폼으로 자리 잡은 유튜브를 통해 여러 가지 상황을 설정해 상품을 재미있게 설명하면서 고객의 구매 욕구를 끌어올리고, 가격 혜택까지 알려주면서 마지막 부분에서 임팩트 있게 라이브 시간을 공지한다. 최근 〈장사의 신동〉 유튜브 방송 시청 조회 수가 평균 40~50만 회, G마켓 라이브 시청자가 50만 명이 넘는 것을 보면, 광고 홍보 효과가 엄청나다고 볼 수 있다.

두 번째로 팬덤을 구축할 수 있는 연예인 고정프로그램의 효과다. 고정시간 라이브를 통해 팬층을 확보해 높은 판매 효과를 올릴 수 있다. 예능을 통한 사전 방송 광고를 통해 라이브 당일 최소 수십만 이상의 시청자를 몰고 올 수 있으며, 높은 구매전환율로 높은 매출을 올릴 수 있다. 40만 명이 시청했을 경우 평균 연예인 방송 구매전환율 7~8%로 계산했을 때 무려 3,000명 정도가 구매한다는 수치가 나온다. 대단한 매출 효과다.

하지만 단점도 있다. 높은 연예인 출연료와 예능형 프로그램과 라이브커머스 콘텐츠 프로그램을 제작하는 데 드는 제작비를 감안하면, 매출이 많이 나오더라도 투입되는 비용 대비 이익이 나기 어려운 구조라는 데 있다. 하지만 이익이 적게 나오더라도 상품, 브랜드의 홍보, 광고 효과를 감안했을 때 비용 대비 효과가 뛰어나기 때문에 유명브랜드들이 줄을 서서 대기하고 있다.

이렇게 유명인을 활용한 예능형 라이브커머스가 인기를 끌자 다수의 스타 인플루언서를 관리하고 있는 MCN업체나 연예기획사들은 발 빠르게 리이브커머스 인력 양성 및 확대에 공을 들이고 있다. 업계에서는 연예인 및 유명 인플루언서를 호스트로 활용한 라이브커머스 방송이 더욱 활발해질 것으로 보고 있는 이유다.

앞으로 고객들에게 친근감이 있으면서 두터운 팬층이 있고, 특정 분야에 전문성까지 갖춘 연예인 및 인플루언서에 대한 수요가 더 많아질 것이며, 라이브커머스 시장이 더욱 커질 것으로 기대되는 만큼 유명 호스트를 내세운 업체 간 프로그램 제작 경쟁도 더욱 치열해질 것으로 예상된다.

04

라이브커머스 시장
급성장에 뜨는 MCN을 알아보자

MCN^{Multi Channel Network}(다중 채널 네트워크)은 다양한 미디어 플랫폼에서 활동하는 인플루언서, 크리에이터를 육성, 관리하는 업계로, 아이돌과 연예인을 관리하고 있는 연예기획사들과 같은 구조라고 보면 된다. 국내 시장은 2013년 CJENM이 MCN 사업에 본격 진출하고, 크리에이터를 브랜드화하고, 이들에 대한 마케팅 저작권 관리, 콘텐츠 유통 등을 지원하면서 발전되었다.

MCN은 인플루언서, 크리에이터들의 영상편집 및 관리, 스케줄, 섭외, 광고관리 등을 해주며 광고 수수료 등의 수익을 나눠 가진다. 인플루언서는 크리에이터나 중국의 왕홍 등과 개념이 비슷하지만, 사전적인 해석으로는 다수에게 영향을 미치는 사람으로 이해하면 될 것 같다.

커머스 영역에서 인플루언서는 TV홈쇼핑의 쇼호스트처럼 제품 정보를 전달하고, 홍보 판매하는 대리인 역할을 주로 수행한다. 하지만 개인의 재능, 지식, 정보, 노하우를 담은 콘텐츠를 직접 제작 공유하는 크리에이터의 역할을 하기도 한다.

인플루언서는 미디어를 통해 소비자와 소통하고, 소비자의 제품 선택과 구매결정에 영향을 미치기 때문에 라이브커머스에서 중요한 역할을 담당한다. 브랜드 제조사와 커머스 사업자들은 인플루언서가 자신의 인스타그램 같은 플랫폼을 이용해 자사제품을 광고하도록 요청하기도 하고, 직접 자사 플랫폼에서 활동하도록 영입하기도 한다. 또는 자신의 회사만을 위한 인플루언서를 독자적으로 선발해서 육성하기도 한다.

인스타그램 유튜브 등 소셜미디어 성장과 함께 다양한 영역에서 수많은 사람이 인지도와 영향력을 가지는 크리에이터로 성장했고, 높은 인지도를 가진 탑 인플루언서들은 유명 연예인 이상의 수입과 유명세를 얻는 위치로 올라섰다.

MCN을 잘 모르시는 분들도 다이아티비, 샌드박스, 트레져헌터라는 회사 이름을 들어본 적이 있을 것이다. 꼭 라이브커머스 분야가 아니더라도 유튜브나 다양한 SNS 채널에서 이들 소속 인플루언서들이 활발히 활동하고 있기 때문에 자주 접할 기회가 있었을 것이다.

이런 회사들이 MCN 안에서 네트워크를 형성하고, 여러 유튜브 채널의 인플루언서를 모아서 이들을 지원하고, 교육하며, 영업을 대행하고, 일정 수익을 셰어한다. 이 중 샌드박스는 2014년 설립된 1세대 MCN 스타트업으로, 크리에이터를 연결하고 디지털 콘텐츠를 창조하는 디지털 엔터테인먼트 기업이다. 유튜브 유명 크리에이터인 도티, 풍월량, 장삐쭈, 떵개 등 수백 개 이상의 게임, 키즈, 개그, 먹방을 대표하는 크리에이터 팀이 소속되어 있다.

하지만 최근 국내 MCN 업계에 비관적인 전망이 계속되는 이유는 매출의 다양성 측면과 아직까지 뚜렷하게 수익원이 개선되고 있지 않아서다. 아직은 그렇게 크지 않은 소속 인플루언서의 수익 중 일부만 나누는 수익구조와 유튜브 광고와 PPL 브랜드 광고 등을 제외하면 매출원이 많지 않다는 점에서 확실한 수익원이나 사업모델 구축이 시급하다. 대형 MCN도 영업적자를 지속하고 있다.

최근 미디어커머스 업계는 라이브커머스를 중심으로 발전하고 있다. 특히 코로나19로 촉발된 온라인쇼핑의 폭발적인 고성장은 실시간 소통을 기반으로 한 라이브커머스 중심의 플랫폼 변화를 이끌었다. 기존 전자상거래와 유통사업자들이 라이브커머스를 도입해왔으며, 인스타그램 유튜브 등 소셜미디어를 활용한 라이브커머스도 활발하다.

이러한 다양한 플랫폼의 라이브커머스 진출은 MCN 회사들에는 또 다른 기회요인이 될 수 있다. 최근 라이브커머스 플랫폼의 무한경쟁은 인기 인플루언서의 출연료를 천정부지로 오르게 하고 있다. 하지만 코로나19 이후 방송 연예인이나 셀럽들이 유튜브 영상을 만들거나 인플루언서 영역으로 넘어오는 것도 앞으로 추가적인 MCN의 위기 요인으로 작용할 수도 있다. 라이브커머스 업계의 빠른 성장과 맞물려 공생관계에 있는 MCN 업체의 지속성장 전망과 발전 가능성도 유심히 지켜봐야 할 관전 포인트다.

05

라이브커머스가
뜨는 배경

장소, 시간, 제작시스템의 한계가 없는 라이브커머스가 뜨고 있다. 또한, 매장이나 생산지에서 방송 출연자들이 상품구매 대리만족을 느끼게 해주는 〈네고왕〉, 〈장사의 신동〉 같은 예능 콘텐츠형 라이브커머스가 새롭게 선보이고 큰 인기를 끌고 있다. 쇼핑을 넘어서 재미를 추구하고 있는 라이브커머스 콘텐츠가 계속 고객에게 잘 어필하고 있는 것이다.

라이브커머스의 강점은 라이브현장의 생동감을 느낄 수 있다는 점이다. 현장의 생동감은 고객의 신뢰로 이어진다. 라이브커머스를 통해 고객은 제품의 산지, 공장, 매장 등을 둘러볼 수 있고, 질문이나 대화를 통해 판매자와 직접 소통하며, 제품의 특징과 품질을 직접 체험하면서 신뢰를 쌓을 수 있다

현대 마케팅 환경에서 진정성과 신뢰는 매우 중요한 구매 요소다. 라이브커머스가 뜨는 배경의 기본에는 이러한 소통의 진정성과 고객의 신뢰가 자리 잡고 있다.

라이브커머스가 소비자의 신뢰를 바탕으로 이렇게 성장한 배경에는 첫째, 소비자가 방송 진행자와 실시간 소통할 수 있는 유일한 유통 채널이라는 점이다. 홈쇼핑이나 온라인쇼핑은 일방적인 원사이드한 판매모델이다. 고객은 쇼핑호스트나 모바일의 상품설명서가 전달하는 이야기를 수동적으로 듣기만 한다. 하지만, 라이브커머스는 판매자와 소비자가 동시에 소통한다. 이러한 커뮤니케이션으로 소비자는 궁금한 부분과 상품정보를 알수 있고, 구매할 확률도 높아지는 것이다. 이것이 라이브커머스가 기존 판매채널보다 구매전환율이 높은 이유다.

예를 들면 원피스를 라이브로 구매할 경우, 소비자는 "다른 색깔도 입어봐주세요", "하얀 운동화를 신고 같이 보여주세요" 라고 요청할 수 있다. 촉감, 느낌은 어떤지도 물어보고, 소비자는 자신이 원하는 정보를 바로 얻을 수 있어 구매로 이어질 확률이 높아진다.

둘째, 쇼핑라이브는 쉽고 편리하다. 홈쇼핑과 비슷한 제작과정을 거치지만 라이브커머스는 단순하고 쉽게 진행할 수 있는 이점이 있고, 홈쇼핑에 적용되는 것처럼 엄격한 방송 심의 규제가 없어서 자유롭게 진행할 수 있다. 또한 온라인쇼핑몰처럼 별도의 웹사이트를 구축할 필요가 없다. 네이버처럼 다양한 플랫폼에 입점만 하면 된다.

셋째, 수익성 측면이다. 핸드폰이나 간단한 장비로 촬영이나 송출, 방송이 가능해 제작비를 낮출 수 있을 뿐만 아니라 판매자에서 소비자까지 짧은 유통경로와 홈쇼핑보다 훨씬 저렴한 수수료는 입점업체에는 수익상 더욱 유리한 조건이 되고 있다.

라이브커머스는 고객과의 실시간 소통을 통해 재미와 신뢰를 주고, 방송 중 한시적인 할인 혜택 등을 통해 즉각적 구매를 유도해 라이브커머스 플랫폼에 대한 고객 충성도를 높일 수 있다.

라이브커머스는 실속과 재미를 동시에 추구하며 동영상에 익숙한 MZ세대뿐만 아니라 콘텐츠의 차별화, 다양성을 부여하며, 40, 50대의 고연령대 고객층까지 급속히 유입시키며 성장하고 있다.

하지만 이러한 성장은 라이브커머스 플랫폼사들 간의 무한경쟁을 불러오고 있으며, 라이브커머스사들은 콘텐츠나 상품의 차별화에 더욱 주력해야 할 것이다. 또한, 앞으로 라이브커머스에서는 콘텐츠 기획역량이 더욱 중요해질 것이므로 라이브 진행자의 육성, 차별화 콘텐츠 기획역량 강화에도 라이브커머스 플랫폼사들은 더욱 노력해야 한다.

06

중국 라이브커머스 현황

라이브커머스 비즈니스가 가장 활발히 운영되고 있고, 가장 빠르게 발전하고 있는 국가가 중국이다. 국내 라이브커머스 전문가는 중국 라이브커머스의 빠른 고속성장 원인을 중국의 홈쇼핑 산업이 발전하지 않은 특수성에 기인해서 이것이 오히려 라이브커머스 발전의 핵심 원인이라고 말하는 사람들도 있다. 홈쇼핑 산업은 우리나라가 먼저 발전했다.

또한, 중국 온라인커머스 상품 중에는 워낙 짝퉁이 많아서 온라인상품에 대한 고객의 신뢰가 부족한 부분에서 원인을 찾기도 한다. 라이브커머스 방송에서는 제조사 담당자들이나 방송 출연자가 직접 나와 상품을 설명하기 때문에 신뢰할 수 있다. 그래서 라이브커머스 이용이 확대되고 있다고 보는 것이다. 이러한 상품에 대한 신뢰가 왕홍 및 라이브커머스 빠른 성장에 영향을 미치고 있다고 한다.

중국 라이브커머스 시장은 2017년 3조 원에서 2020년 162조

원으로 3년 만에 무려 54배나 성장했다. 시장 내 M/S는 알리바바의 오픈마켓 라이브커머스 플랫폼인 타오바오가 58%로 압도적인 입지를 굳히고 있고, 타오바오 외에 도우인(틱톡), 콰이쇼우가 선두를 달리고 있으며, 버섯거리, 짜뚜도, 샤오홍수이, 징동, 위챗 동영상 등이 급성장하고 있다.

2020년 3대 플랫폼의 상품거래총액은 전체 시장의 약 85% 이상을 차지하고 있으며, 최근에는 코로나19의 영향으로 더욱 빠르게 라이브커머스가 발전하며 효과적인 브랜드 상품 마케팅, 판매 채널로 자리 잡고 있다.

이 중 타오바오는 중국의 최초의 라이브커머스 플랫폼으로 짝수 10일, '6·18' 전자상거래의 날 등의 명절 프로모션을 기획해서 라이브커머스 시장 확대를 가속화시켰다. 뿐만 아니라 소비자 요구에 맞는 편의성을 제공하며, 플랫폼 만족도 및 쇼핑 체

2020 라이브커머스 상위 3개 플랫폼 연간 상품 거래 총액

(단위 : 억 위안)

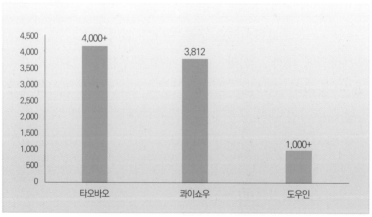

출처 : 2021 중국 전자상거래 연구보고서

진짜 전문가가 알려주는 **대한민국 모바일 라이브커머스**

험 만족도 등에서 1등을 차지하며 최고의 인기를 누리고 있다.

타오바오는 제품 구매 링크를 편리하게 구축하고, 생방송 진행 시 방송 진행자의 설명에 따라 방송을 다시 볼 수 있거나, 아직 방송되지 않은 제품의 예약 시청 서비스를 제공하는 등 소비자들의 쇼핑 편의성을 극대화하려고 노력하고 있다.

또한, 일반인, 기업가 등 다양한 셀러가 유입되면서 도우인, 콰이쇼우 같은 동영상 SNS 플랫폼의 성장 가능성이 더욱 부각되고 있다. 도우인은 이커머스 채널 역량을 강화하기 위해 2020년 6월에 전자상거래 사업부를 신설했다.

2016년 초기 타오바오, 징동 등 주요 플랫폼은 생방송, 콘텐츠, 온라인이 융합된 새로운 판매 모델을 도입했다. 2018년에는 발전단계에 접어들어 콰이쇼우, 도우인 등 동영상 플랫폼이 기존 엔터테인먼트 쇼트클립 커뮤니티 기능에 타오바오, 티몰 등

2016~2020년 중국 인터넷 생방송 이용자 규모 및 이용률 상황

출처 : 2021 중국 전자상거래 연구보고서

제3자 판매 플랫폼과 연동해 온라인 매출까지 일어나는 라이브커머스 판로를 열었다.

2019년은 중국 라이브커머스 시장의 발전기로 볼 수 있다. 생방송 상품에 대한 정부 지원과 왕홍 등 유명 인플루언서 등장으로 라이브커머스 인기가 폭발했다. 특히 작년에는 코로나로 온라인 생중계 마케팅이 일상화되면서 신흥 공동구매 플랫폼 판둬둬를 비롯한 SNS형 플랫폼 위챗, 샤오홍슈 등도 라이브커머스 마케팅 방식을 도입해 사업을 한층 더 키우는 추세다.

중국의 라이브커머스 인기상품을 보면, 2020년 뷰티 스킨케어 라이프 스타일 식품 등 저가의 소비재상품이 생방송 판매에서 좋은 실적을 거뒀다. 자오상증권에 따르면, 콰이쇼우의 전체 판매액 400~500억 위안 중 식품 40%, 생활용품 30%, 화장품 30% 비중을 보였다. 판매액 상위 10위권 품목 중 핸드폰을 제외한 다른 품목들의 평균 단가는 200위안 이하로 저가의 소비재 제품군의 효과가 컸다.

중국 라이브커머스에서 소비자와 소통하면서 판매에 직접적으로 영향을 주는 왕홍의 역할은 매우 중요하다. 2020년 상품 판매액 기준 상위 100위권 왕홍들의 매출은 1,130위안으로 이 중 상위 10위권 왕홍의 매출 효과는 630억 위안으로 집계되었다.

특히 2020년 타오바오의 인기 왕홍 위아비야는 연간 매출 310억 9,000만 위안을, '리자치(李佳琦) Austin'은 218억 6,100만 위안을 기록했다.

이들은 오락적 성격을 지니고 있을 뿐만 아니라 제품에 대한 전문성도 높아지고 있어 다양한 목적을 지닌 소비자들을 타오바오로 불러들이는 역할을 했다고 할 수 있다.

또한, 2017년 라이브 기능을 추가한 도우인의 경우 기존의 라이브커머스가 갖는 제품의 판매 수단을 넘어, BJ는 제품을 자신의 개인 채널에서 노출시키고, 소비자들과 소통하며 개인의 영향력을 통해 왕홍 브랜드로 성장시키고 있다.

왕홍의 1인 크리에이터 시대에 더해 이제는 촬영과 방송도 전문 방송사 스태프의 영역이 아니며, 심지어 부동산 판매 라이브 방송이 등장할 정도로 누구나 어느 상품이든 라이브 판매되는 시대가 오고 있다.

마지막으로 독자적인 로컬 브랜드의 빠른 성장세 또한 눈여겨볼 만하다. 2020년 라이브커머스 판매량 1~3위가 중국내셔널 브랜드였다. 이 외에는 로레알 7위, 랑콤 9위 등 글로벌 명품 브랜드가 순위권에 위치하고 있다.

엄청난 속도로 빠르게 성장하는 중국 라이브커머스 시장과 라이브커머스 상품의 진화, 콘텐츠 변화의 속도는 국내 라이브커머스 업계가 지속적으로 벤치마킹하고 분석해볼 만하다. 국내 라이브커머스 발전을 위한 참고 자료로 활용할 필요가 있을 것이다.

왕홍의 라이브커머스 방송 장면

출처 : 타오바오 플랫폼

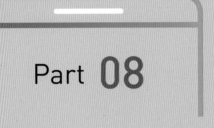

Part 08

실전! 나 혼자 판다!
라이브커머스 실습

라이브커머스
방송 성공률을 높여라!

라이브커머스는 백번 고민하고 이론을 공부하는 것보다 한 번 실제로 해보는 것이 낫다고 생각한다. 직접 해보고 느껴봐야 지금까지 배운 내용들이 이해가 될 것이다.

이번 Part에서 소개하는 라이브커머스 실습은 이 책을 읽는 독자분들이 꼭 알았으면 하는 라이브방송 현장에서 직접 경험하고 느낀 점 위주로 정리했다. 그렇다고 소개하는 모든 내용이 정답이고, 모두 따라 하라는 말은 아니다. 정말 빠르게 변하는 라이브커머스 시장 상황이 언제 어떻게 바뀔지는 아무도 알 수 없다. 다만 라이브커머스를 새로 시작하고, 배우고 싶으신 분들에게 부족하나마 참고자료로 도움이 되었으면 한다.

이 책에서 자주 소개된 내용이지만, 라이브커머스의 방송 성공률을 높이기 위해선 먼저 3가지 전략을 세워야 한다. 첫째 상품 전략, 둘째 플랫폼 마케팅 전략, 셋째 방송 콘텐츠 전략이다. 이 3

가지 전략들은 톱니바퀴처럼 유기적으로 밀접하게 연결되어 있다. 이 3가지 전략 중 가장 중요한 상품 전략을 간단히 설명하고 마케팅, 방송 콘텐츠 전략은 실제 사례로 말씀드리도록 하겠다.

라이브커머스의 상품 선정은 매출과 직결되는 가장 중요한 요소다. 홈쇼핑업계에서 PD들이 흔히 이런 이야기를 많이 한다.

> "매출 달성률 100% 하는 상품은 방송과 마케팅을 잘하면 150%까지 올릴 수 있지만, 50%짜리 상품은 아무리 방송과 마케팅을 잘해도 55%밖에 못한다."

그만큼 매출을 위해서는 상품 선정이 중요하다. 라이브커머스 상품은 기본적으로 구매 결정 시간이 짧은 충동구매형 상품군이다. 고객들은 평균 90초 이내로 시청을 하고 구매를 할지, 말지 결정을 한다. 그렇기 때문에 누구나 알고 있는 브랜드 상품들이 유리하다. 신규 브랜드나 신상품들은 고객들이 인지하는 데 시간이 많이 필요해서 구매하기까지 시간이 부족하다.

많은 고객을 끌어들이고 매출이 높은 라이브커머스 상품을 고르기 어렵다면 다음 질문들을 참고해보자.

A. 고객들이 인지하고 있는 상품인가?
브랜드 인지도, 상품 인지도, 유행 상품

B. 지금 시즌에 적합한 상품인가?
시즌 이슈 상품, 제철 식품, 유행 상품

C. 방송 중 최저가 혜택이 가능한가?
가격 경쟁력, 프로모션 혜택, 타임세일 상품

　이 질문들로 상품을 직접 선정하고, 그래도 어렵다면 현재 라이브커머스에서 많이 팔리는 상품을 빨리 가져와서 파는 것도 추천한다. 아니면 네이버쇼핑라이브에서는 구매기준으로 잘 팔린 상품들을 순위별로 볼 수 있으니 참고하면 좋겠다.

네이버 인기라이브 순위(시청순, 구매순)

출처 : 네이버쇼핑라이브

이 책을 읽으시는 분들은 라이브커머스에 어느 정도 관심이 있는 분들일 것이다. 유통업에서 일하시는 분들, 브랜드 제조사에서 일하시는 분들, 소상공인분들, 라이브커머스 분야에 종사하시는 분들 등 다양할 것이다.

라이브커머스 전 프로세스 과정의 이해를 빠르게 돕기 위해 마지막 사례로 방송을 기획하고 준비하는 사람이 오프라인에 패션 브랜드를 가지고 있는 사장님이라고 가정하고, 라이브커머스 방송을 준비하는 프로세스를 간단히 보여드리고 각 프로세스마다 체크해야 할 키포인트를 정리했다. 처음 라이브커머스 방송을 하신다면 다음 순서들을 보고 준비하시면 도움이 될 것이다.

양식은 작성하는 사람마다 다를 수 있지만 내용은 거의 비슷하다. 다음은 현업에서 실제 사용하는 소구포인트 정리, 큐시트, CG 자막 작성 양식을 첨부했다. 다음 내용을 참고하고, 본인 상품과 스타일에 맞게 수정해서 사용하면 좋겠다.

오프라인 기반 40대 초반 여성 타깃의
○○브랜드 패션 상품 라이브 방송 제작

(1) 플랫폼 선정 : 상품 구매 타깃과 맞고 오픈라이브 진행 가능한 플랫폼 선정

→ 40대 초반 타깃고객이 가장 많고 오픈라이브 진행 가능한 네이버쇼핑라이브 선정

(2) 상품 선정 : 방송 진행 시기 가장 적합한 상품, 기존 매출 베스트 상품

상품 구성, 최저가격, 프로모션 혜택 정리

판매기간 설정 및 상품 등록, 프로모션 등록 세팅

→ 올 봄 신상 가장 매출 좋은 기본 블라우스 최대 71% 할인(무료배송)

(3) 방송 편성 : 방송 일정 시간 정하고 네이버 기획라이브 편성 메일 요청하기

– 네이버기획라이브 편성 시 네이버 편성표 등록 노출, 예고페이지 제작

→ 40대 주부 타깃이기 때문에 오전 10시 시간 편성

→ 평균기온이 10도는 넘어야 해서 3월 30일 수 편성

→ 첫 방송이기 때문에 오픈라이브로 진행

(4) 방송 준비 : 출연자 및 방송 진행 스태프, 장소 섭외, 방송 제작 회의

– 출연자 : 전문쇼호스트, 인플루언서, 유튜버, 연예인, 상품 전문가 섭외

– PD : 방송 총괄 연출, 큐시트(방송순서) 작성, 방송 자막 작성, 장소섭외 등

– 방송 스태프 : 카메라, 조명, 음향(마이크), 송출 세팅 및 운영, 자막 CG 디자이너, 스튜디오 세트 및 소품 감독, 헤어 메이크업, 의상 스타일리스트, 푸드 스타일리스트 등

→ 처음이고 판매할 옷도 많기 때문에 모바일 쇼호스트 2명 섭외

→ 오프로드 가게 공간을 스튜디오로 활용 또는 소형 스튜디오 대여

→ 카메라 장비는 아직 활용하기 어려워서 스마트폰으로 진행

→ 연출, 상품 디스플레이, 방송 송출 등 사장님과 직원들이 진행

→ 방송 상품 소구포인트 작성 후 출연자들과 사전 방송 회의 진행

→ 방송 회의 후 방송 큐시트(순서) 작성 후 공유하기

　　* 건강기능성 식품이나 뷰티 제품은 사전에 방송 자막 광고심의를 받아야 함

(5) 광고 마케팅 준비 : 라이브방송 타깃 마케팅 광고로 매출 효율 높이기

　　→ 이벤트는 구매고객 추첨 사은품 증정하고 방송 중 채팅 대응하기

　　→ 예산 있다면 방송 전에 SNS 광고 및 배너 광고 및 홍보 활동

　　→ 방송 직전 당사 기존 구매고객 데이터 활용 타깃 LMS 문자 광고하기

　　→ 방송 직전 카카오 플러스친구가 있으면 카카오 앱푸시 광고하기

(6) 방송 진행 : 쇼핑라이브앱을 통해 상품, 방송 세팅 및 방송 테스트 후 라이브 진행

　　→ 스튜디오 내 무선 통신속도 확인

　　→ 방송 오디오 마이크 확인 및 송출 테스트 진행

　　→ 방송 전 쇼호스트 미팅 시 방송 순서 체크하고 방송 중 심의 멘트 확인

　　→ 스튜디오 무대화면, 방송 샘플 체크하기

　　→ 상품 디스플레이 및 의상 착장 순서 확인하기

　　→ 마지막으로 가격조건 이벤트 내용 다시 확인

　　→ 마케팅 광고 사항 최종 확인

　　→ 방송 진행 및 채팅 대응

(7) 방송 후 피드백 : 방송 후 시청 및 구매고객 분석, 매출 분석 후 추후 방송
반영

| 참고자료 |

상품 소구포인트(셀링포인트) 양식, 큐시트(방송순서) 양식, 자막 양식

1. 패션상품 소구포인트 정리 양식

이미지				
입어보기/ 사이즈	A 쇼호스트/95	B 쇼호스트/90	A 쇼호스트/95	B 쇼호스트/90
색상	화이트	블랙	그레이	베이지
상품명	○○○ 슬림라인 카라 블라우스	○○○ 티셔츠 블라우스	○○○ 체크패턴 쓰리버튼 재킷	○○○ 참장식 A라인 핸드메이드 재킷
소재 포인트	- 잔잔한 조직감의 폴리 소재입니다.		- 선염 잔잔한 체크 소재입니다. - 울이 혼방되어 보온성이 좋습니다.	- 잔잔한 헤링본 패턴의 이중지 코트 소재입니다. - 기모감 있는 울 혼방 소재입니다.
착장 TIP	- 힙을 살짝 덮는 스커트 또는 팬츠 어느 착장에나 스타일링하기 편안합니다. - 은은한 컬러감으로 화사하고 조화로운 착장을 완성할 수 있습니다.	- 격식 있는 자리에 멋스럽게 착용 가능한 스타일입니다. - 등판이 저지로 되어 있어 신축성이 좋으며 트렌치코트나 트위드 가디건과 함께 코디하기 좋은 아이템입니다.	- 체크 패턴의 핀 컬러와 매칭되는 네이비 컬러의 붓컷 팬츠와 함께 착용해 멋스럽게 연출할 수 있습니다. - 베이직한 이너류와 착용하기 좋습니다.	- 반폴라넥 니트와 함께 매칭해 보온성을 높이고 편안하게 연출이 가능합니다. - 멋스러운 룩으로 와이드 팬츠와 함께 매칭할 수 있습니다.
재 고 현 황	090	11	7	11	9
	095	17	13	14	21
	100	9	13	10	21
	105	3	7	5	9
	합계	40	40	40	60

2. 큐시트(방송 순서) 양식

3/16(수) 10:00 〈네이버오픈라이브〉 ○○○ 브랜드 패션			
PD/MD	○○○ PD/○○○ MD	**출연자**	○○○/○○○
상품구성 및 조건	1. 슬림라인 카라 블라우스 ~~129,000원~~ → 36,770원 2. 체크패턴 쓰리버튼 재킷 ~~359,000원~~ → 102,320원 3. 참장식 A라인 핸드메이드 재킷 ~~399,000원~~ → 113,720원 사이즈 선택 90(55), 95(66), 100(77), 105(88)		
진행 순서	**진행 내용**		
오프닝 (1분)	○○○브랜드 2022년 SS봄 신상품/전품목 71% 할인율로 보여드립니다. 지금 딱 입기 좋은 재킷과 블라우스까지 오늘은 뭘 사도 무조건 득템, 블라우스 한 벌만 사셔도 무료배송 ○○○브랜드와 미리 준비해 봄♥ **두 분 출연자 소개**		
디테일(1번째 PT) (20분)	**브랜드** 로맨틱하고 여성스러운 여성복 ○○○브랜드 국내, 아울렛 10개점 입점, 오프라인 매장 수는 20개 오늘 단 하루 라이브에서만 보여드리는 특별 혜택가 올 봄 처음 보여드리는 가격 조건! 3월 단 한 번 방송 **프로모션, 물량 강조** 오늘 방송 중에 주문하셔야 당일 출고 보장 따뜻해지는 날씨에 예쁜 봄옷 입고 싶으시다면 지금 들어오세요. **전면으로 할인율, 무료배송 정도만 정리하고** **상품 입은 거랑 메인 몇 개 들어서 보여주기** 저희 입고 있는 재킷, 블라우스도 다 판매하는 것/다양한 상품 준비 더 궁금하신 것들 일단 쇼핑백 눌러서 상세페이지 한 번 보세요. 근데 일단 매진 예상 아이템들부터 찜 보고 싶은 거 다 말씀해주세요. 입어서, 들어서 또 보여드립니다. 1) A쇼호스트-참장식 A라인 재킷 바이올렛(베이지 들어서 대보고) 　B쇼호스트-체크패턴 쓰리버튼 재킷 참장식 : 짧은 기장감, 레귤러 핏, 핸드메이드로 가볍고 A라인으로 체형 커버 가능 　　　　잔잔한 헤링본 패턴, 이중지 재킷, 바이올렛 더 인기, 참장식 있음 체크패턴 : 힙을 덮어주는 기장감의 슬림함 쓰리버튼 재킷, 바이올렛 컬러, 체크패턴 　　　　울 혼방, 신축성 좋고, 3월까지 계속 입기 좋다. 2) A쇼호스트 - 네크 티셔츠 블라우스 핑크 　B쇼호스트 - 슬림라인 카라 블라우스 화이트 진주장식 : 블라우스 형태의 여성스러운 티셔츠 블라우스, 네크 라인에 진주 장식 포인트 　　　　등판과 소재 달라서 포멀한 느낌 들게 하면서도 편안한 착용감 카라 블라우스 : 세련된 디자인에 단추로 포인트를 준 포멀한 블라우스 　　　　허리라인이 들어가는 스타일로 단아한 이미지, 매장에서는 블루컬러 더 판매 좋았음 **전면으로 할인율, 무료배송 정리**		
중간 채팅 (5분)	매진되거나 수량 없는 아이템 이야기해주고 사이즈, 컬러 질문 대응 보여달라는 거 한번 들어서 보여주고 3월 단 한 번 방송 소구		
디테일(2번째 PT) (20분)	채팅 대응해서 그때그때 뭐 입어달라고 말씀드릴게요. 기본적으로 인기 많은 거 메인 푸시 위주로 **참장식 A라인 핸드메이드 재킷** **→ 블라우스 순서**		
주문 유도 (3분)	정리 한 번 해주고 갈아입을 분 갈아입고 마지막 PT 가능하면 많이 보여주고, 질문 응대하고, 가격이랑 물량 푸시 할인율, 득템 찬스, 사이즈별 물량 없다 이야기 많이 해주세요.		

진짜 전문가가 알려주는 **대한민국 모바일 라이브커머스**

3. 자막 양식

〈네이버쇼핑라이브〉 ○○○ 봄 신상 방송 자막

1. 상단 우측 자막

○○○ 브랜드(로고) ✥ **봄 패션쇼** ✥	**71% 할인** 전 상품 무료배송

2. 통전면 자막

○○○ 브랜드(영문 로고) ○○모델 ○○○ 브랜드 (모델 이미지) **전 상품 71% 할인**	○○○ 브랜드(영문 로고) 봄 재킷부터 티셔츠 블라우스까지 지금 딱 필요한 필수템으로만! **전 상품 무료배송**

○○○ 브랜드(영문 로고)
참장식 핸드메이드 재킷
(컬러별 누끼 이미지)
71% SALE
화이트/블랙
90(55), 95(66), 100(77), 105(88)
~~129,000원~~ ➡ **36,770원**

○○○ 브랜드(영문 로고)
체크패턴 쓰리버튼 재킷
(누끼 이미지)
71% SALE
90(55), 95(66), 100(77), 105(88)
~~359,000원~~ ➡ **102,320원**

3. 우하단(댓글 위) 강조 자막

○○○ 브랜드 봄패션 **전 상품 71% 할인**	○○○ 쇼핑호스트 키 167cm, 95사이즈 착용

진짜 전문가가 알려주는
대한민국 모바일 라이브커머스

제1판 1쇄 2022년 7월 30일

지은이 김상민, 임성신
펴낸이 서정희 **펴낸곳** 매경출판㈜
기획제작 ㈜두드림미디어
책임편집 이향선, 배성분 **디자인** 디자인 뜰채 apexmino@hanmail.net
마케팅 김익겸, 한동우, 장하라

매경출판㈜
등 록 2003년 4월 24일(No. 2-3759)
주 소 (04557) 서울시 중구 충무로 2(필동 1가) 매일경제 별관 2층 매경출판㈜
홈페이지 www.mkbook.co.kr
전 화 02)333-3577
이메일 dodreamedia@naver.com(원고 투고 및 출판 관련 문의)
인쇄·제본 ㈜M-print 031)8071-0961
ISBN 979-11-6484-434-0 (03320)